Gertrud Hirschi

Sieben Wege glücklicher zu werden

Gertrud Hirschi

Sieben Wege glücklicher zu werden

Die Energien der Wochentage nutzen

vianova
Verlag Via Nova

Die Deutsche Bibliothek – CIP-Einheitsaufnahme

Ein Titeldatensatz für diese Publikation ist bei der Deutschen Bibliothek erhältlich.

Die Illustrationen sind von Ito Joyoatmojo

3. Auflage 2004

Verlag Via Nova, Neißer Straße 9, 36100 Petersberg
Telefon und Fax: (06 61) 6 29 73
E-Mail: info@verlag-vianova.de

Internet:
www.verlag-vianova.de
www.transpersonal.com

Umschlag: Marketing Design Service GmbH, Hamburg
Satz: Dtp-Satzservice Peter Huber, Freiburg i. Br.
Druck und Verarbeitung: Rindt-Druck, Fulda

ISBN 3-936486-52-2

Inhalt

Montag

Dienstag

Mittwoch

Donnerstag

Freitag

Samstag

Dank

Ein großes Dankeschön gebührt meiner Lektorin Erika Schuler-Konietzny, die dem Buch den letzten Schliff gab und mich mit ihrer konstruktiven Kritik und ihrem positiven Feedback unterstützte. Erika, du warst unersetzlich!

Weiter danke ich allen Beteiligten, die das Manuskript zum vorliegenden Buch umgestalteten.

Eine schöne Zusammenarbeit ergab sich wieder mit Ito Joyoatmojo, der mit unendlicher Geduld die vielen Zeichnungen kreierte. Ito, ich danke dir von Herzen!

Ein weiteres Dankeschön geht an den Drogisten Max Zumsteg, der mir seine Informationsbroschüre über den Zusammenhang zwischen Wochentagen und Ernährung als Informationsquelle zur Verfügung stellte.

Auch der Astrologin, Musikerin und Sängerin Christine E. Jaccard und meiner Cousine und großen Musikliebhaberin Ilse Arnold danke ich ganz herzlich dafür, dass sie mich großzügig mit ihrem Wissen und ihrer Erfahrung bei den Musikempfehlungen unterstützt haben.

Die Freude ist überall.
Es gilt nur, sie zu entdecken.
Konfuzius

Vorwort zur zweiten Auflage

Eine Woche so recht und schlecht hinter sich bringen, sehnlichst auf das kommende Wochenende oder den nächsten Urlaub warten – das sind Verhaltensweisen aus dem letzten Jahrtausend. Im neuen Jahrtausend geht es darum, aus jedem einzelnen Tag das Beste zu machen, jeden Tag bewusst zu erleben und sich so richtig gut zu fühlen. Und genau darum geht es auch in diesem Buch.

Die zweite Auflage erscheint zu einem günstigeren Zeitpunkt als die erste: die Wellness-Welle boomt mehr denn je und viele der neuesten Forschungsergebnisse vor allem aus den Bereichen Medizin, Sport, Ernährung und Psychologie offenbaren Tricks, die verraten, wie wir in wenigen Minuten wieder topfit werden, uns rasch entspannen oder was wir generell gegen Stress tun können. Deswegen wurde die Neuauflage mit vielen weiteren brandaktuellen Übungen und Tipps versehen. Sie erfahren, wie Sie – allgemein ausgedrückt – die Schwächen der einzelnen Wochentage überwinden und die Stärken nutzen können. Konkret erfahren Sie, wie Sie über einen kleinen Durchhänger hinwegkommen, Ihre Gedanken und Ihre Lebenseinstellung in die »richtige« Richtung lenken, wie Sie Ihre Freizeit noch sinnvoller nutzen oder Ihre zwischenmenschlichen Beziehungen positiver gestalten können.

Voller Elan und Begeisterung habe ich die erste Auflage überarbeitet, um Ihnen die neuesten Erkenntnisse zu präsentieren. Halten Sie das Buch griffbereit in Ihrer Nähe und kreieren Sie selbst für jeden Tag neue Strategien. Vielleicht wäre eine davon, einfach gar nichts zu tun, nur nach innen zu schauen und sich in der Meditation versenken.

Spiritualität in den Alltag, in das tägliche Allerlei zu bringen wird für mich immer wichtiger. Wenn wir unser Leben mit Dingen verschönern, die uns Freude machen, dann erfreuen wir uns an den verschiedensten Ausdrucksformen Gottes – was immer wir darunter verstehen mögen. So können wir all unsere Handlungen, unser ganzes Tun als Hingabe, Dank und Lob an das Göttliche verstehen. Wenn wir an uns arbeiten, uns veredeln und die gegebenen Herausforderungen des Lebens als Lernprozesse mit Elan und Zuversicht angehen und meistern, indem wir immer tiefer in die Thematik von *Sieben Wege glücklicher zu werden* eindringen, dann sind wir auf dem spirituellen Weg und führen ein sinnerfülltes Leben.

Jeder Tag ist es wert, bewusst gelebt und erlebt zu werden.

In herzlichster Verbundenheit
Ihre

Die Welt des Unsichtbaren
gibt uns den Schlüssel
für die Welt des Sichtbaren.
Paul Claudel

Liebe Leserin, lieber Leser

Mit großer Freude lege ich Ihnen mein fünftes Buch vor. In der Zahlenmystik ist die 5 die formgebende Zahl und so geht es mir in *Sieben Wege, glücklicher zu werden* darum, den einzelnen Wochentagen neue Form und Farbe, neuen Klang und Rhythmus zu geben. Es geht mir darum, die Qualität der einzelnen Wochentage neu zu betrachten, zu hinterfragen und, wenn nötig, alte, eingefahrene Spuren zu verlassen und neue Wege zu gehen. Wenn wir unsere Lebensqualität verbessern wollen – das Thema all meiner Bücher, dann fangen wir am besten bei einer kleinen, überschaubaren Zeiteinheit an: beim einzelnen Tag – und gestalten so die Wochen und die Jahre.

Schon als Kind fragte ich mich, warum die Woche 7 Tage hat und wer wohl Donar, der Gott des Donners und des Donnerstags wirklich ist, was der Mittwoch mit Merkur zu tun hat usw. Diese Fragen beschäftigten mich immer wieder und so fand ich im Laufe der Zeit viele Antworten – in der Literatur, in mir selbst und durch den Austausch mit meinen Mitmenschen. So stellte ich vor einigen Jahren fest, dass sich die Qualität der Wochentage, wie ich sie erlebe, auf verschiedenen Ebenen voneinander unterscheiden und dass dies tatsächlich mit den Kräften und Charaktereigenschaften der zugeordneten Planeten übereinstimmt. Freunde und Bekannte sowie die TeilnehmerInnen meiner Yogakurse bestätigten meine Beobachtungen und Schlussfolgerungen, was mich ermunterte, weiter zu forschen.

Kosmische Gesetze bestimmen das Werden und Vergehen der Schöpfung, in die auch wir Menschen mit unserem Körper, mit unserem Denken und Fühlen eingebunden sind.

Sehr lange und gründlich habe ich mich mit den 7 planetarischen Kräften, die den Wochentagen zugeordnet sind, auseinander gesetzt und sie in mein Leben integriert. Seit ich dies tue, ist meine Lebensqualität um einiges gestiegen und es geht dementsprechend immer weiter – Tag für Tag, Woche für Woche. Danach zu leben fördert tatsächlich unser seelisches Wachstum und zeigt uns Wege auf zu innerem wie äußerem Reichtum – zu einem sinnerfüllten und glücklichen Leben. Viele Sorgen, Gram und Mühe bleiben uns erspart. Es ist, als würden wir von höheren Kräften geschützt, gestützt und geleitet. Heute morgen zum Beispiel entdeckte ich einen Fehler in meiner Kursabrechnung. Ich hatte das Gefühl, als wollte mich jemand hintergehen; außerdem standen mir zwei wichtige Besprechungen bevor, in denen ich etwas kritisieren musste, was mir sehr unangenehm war. Noch vor wenigen Jahren hätte mich das sehr aufgewühlt, ich hätte Ängste ausgestanden. Heute hingegen mache ich in einer solchen Situation die Sonnenmeditation. Ich werde dabei ruhig und zuversichtlich, und bei all diesen Angelegenheiten ergeben sich auf friedliche Weise *immer* wunderbare Lösungen. Ich bin kein positiver Mensch von Haus aus, aber wenn ich nach den Methoden lebe, die ich Ihnen in diesem Buch vorstelle, geht es mir ausgezeichnet. Die sieben Lebensgesetze, die *Sieben Wege glücklicher zu werden*, die ich aus all diesen großen Zusammenhängen ableiten konnte, sind dabei eine gute Orientierung:

- Sonntag ist der Weg des Lichts
- Montag ist der Weg der inneren Freiheit
- Dienstag ist der Weg der Tatkraft
- Mittwoch ist der Weg der geistigen Klarheit
- Donnerstag ist der Weg des Reichtums
- Freitag ist der Weg der Liebe und Freundschaft
- Samstag ist der Weg der Innenschau und Grenzüberschreitung

Das heißt nun nicht, dass wir beispielsweise nur am Montag Vergangenes loslassen und innere Freiheit erlangen oder nur am Dienstag unsere Tatkraft und Talente zum Einsatz bringen. Es geht vielmehr darum, dass uns dies wenigstens einmal pro Woche bewusst ist und wir uns danach richten. Nach wenigen Wochen wird Ihnen das neue Verhalten so in Fleisch und Blut übergegangen sein, dass Sie automatisch dementsprechend agieren und reagieren.

Die Idee der Planetenzuordnung zu den Wochentagen ist uralt. Schon die alten Völker weihten die 7 Wochentage einem ihrer Götter bzw. einer ihrer Göttinnen. Darauf weisen die Bezeichnungen der Wochentage hin, die sich in vielen Sprachen und Mundarten bis zum heutigen Tag erhalten haben. Auch altes Brauchtum weist – im Norden wie im Süden, im Westen wie im Osten – darauf hin. Natürlich sind die Bräuche von Ort zu Ort verschieden. Trotzdem zeigen sie Gemeinsamkeiten auf, die nicht mit dem Verstand erfasst werden können und deren Ursprung sich in der dunklen Urzeit verliert.

Im Mittelalter haben Alchemisten und später auch esoterische Zirkel und Geheimbünde die Symbolik und Kraft der Wochentage in alle Handlungen und Entscheidungen mit einbezogen. Den Planeten wurden entsprechende Farben, Steine, Pflanzen (dazu gehört natürlich auch das Getreide), Tiere, Metalle usw. zugeordnet und für die rituellen Handlungen eingesetzt. Bei der Zuordnung der Getreide zu den Wochentagen habe ich mich an den sehr interessanten und aufschlussreichen Erkenntnissen von Udo Renzenbrink orientiert, die er in seinem Buch *Die sieben Getreide* veröffentlicht hat. Es ist spannend und interessant, sich mit diesen Zuordnungen zu beschäftigen; ihre Wirkung auf Körper, Geist und Seele steht tatsächlich in Einklang mit den Eigenschaften des bestimmten Tagesplaneten.

Gerade in unserer materialistisch und rationalistisch ausgerichteten Welt tut es uns manchmal ganz gut, wenn wir uns wieder der kosmischen Zusammenhänge bewusst werden und Spiritualität und ein wenig Magie in den Alltag einbringen. Leider kann ich nicht auf all diese Zuordnungen gleichermaßen eingehen, die wichtigsten sind jedoch bei den jeweiligen Wochentagen aufgeführt. Die Tabelle und die Buchempfehlungen auf den letzten Seiten werden Ihnen aber bestimmt weiterhelfen.

Interessant ist auch die Symbolik der Zahl 7. Schon von alters her hat sie die Menschen in ihren Bann gezogen: Es gibt 7 Farben im Spektrum des Regenbogens, 7 Töne führen zur Oktave, ein 7-Jahreszyklus bestimmt die Entwicklung und das Leben des Menschen, 7 Hauptchakren versorgen den Menschen mit 7 Energiequalitäten. Die 7 spielt auch in den Volksmärchen und heiligen Schriften des Ostens und Westens eine große Rolle. Die 7 wurde als Zahl der Universalität angesehen – und 7 Stufen führten zum Tempel der Weisheit. Die 7 beinhaltet die 3, die Zahl der überirdischen, und die 4, die Zahl der irdischen Kräfte. So vermählt sich in der 7 das Irdische mit dem Überirdischen. Ob im Märchen, in der Magie, in der Mystik – die 7 hat eine besondere Bedeutung.

Wir sollten uns auch bewusst machen, dass es weder schlechte noch gute Planeten gibt, vielmehr sind unsere Beziehungen zu ihnen von Bedeutung. Diese Ansicht entsteht manchmal deshalb, weil viele einen Wochentag haben, an dem manches nicht so läuft, wie sie es gerne hätten. Hier wäre ein Vergleich mit dem betreffenden Planeten im Horoskop interessant – es könnte auch der Tag sein, an dem man geboren wurde. Bei mir zum Beispiel ist es der Mittwoch und tatsächlich – an einem Mittwoch wurde ich geboren. Ein alter englischer Kinderreim weist treffend auf den Zusammenhang zwischen Geburtstag und dem Grundwesen des Kindes bzw. des Erwachsenen hin:

Montagskinder haben ein hübsches Gesicht.
Dienstagskinder sind voller Anmut.
Mittwochskinder sind voller Schmerzen.
Donnerstagskinder haben weit zu gehen.
Freitagskinder lieben und schenken.
Samstagskinder arbeiten hart für ihr Leben.
Sonntagskinder sind klug, munter und heiter.

Wenn Sie sich auf die einzelnen Tage in der Art und Weise einstellen, wie es in diesem Buch aufgezeigt wird, bringen Sie mehr Abwechslung in die Woche. Wie langweilig ist es doch, wenn ein Tag wie der andere verläuft, wenn man wie ein Roboter jeden Montag Punkt 8 Uhr das Werktagsprogramm einstellt; wenn jeden Freitag Punkt 16 Uhr das immer gleich organisierte Wochenende beginnt; wenn sonntags gleich viel gearbeitet wird wie werktags und wenn man sonntags die gleiche Kleidung trägt wie werktags. Wir sind aber keine Roboter! Wenn wir so leben, leben wir wider unsere Natur und werden krank.

Jeder Wochentag ist eine Gelegenheit, etwas ganz Besonderes für sich zu tun. Dann geht es uns gut. Es ist zum Beispiel wichtig, dass wir die Vergangenheit verarbeiten, dazu eignet sich der Montag; neue Zukunftsvisionen entwickeln, warum nicht donnerstags. Und damit wir nicht immer wieder über die gleichen Hindernisse stolpern (die wir uns meistens selbst in den Weg legen), ist ein Wochenrückblick am Samstag von besonderem Nutzen.

Jeder Tag ist ein Geschenk – eine Chance,
was wir damit machen, ist unsere Sache.

Es geht nicht darum, dieses Buch in 7 Tagen zu lesen und jeden Tag sofort vollkommen umzukrempeln. Lassen Sie sich genügend Zeit. Lassen Sie ein Tagesthema ruhig mehrere Tage oder Wochen lang im Inneren wirken, bevor Sie sich dem nächsten zuwenden. Nach wenigen Wochen sind Sie mit dem Wesentlichsten vertraut, haben sich schon an Neues und Schönes gewöhnt und helfen sich – wenn es die Situation erfordert – mit einer der vorgestellten Meditationen, einer Mudra, Atemübung oder Körperhaltung.

Farben, Musik, Düfte und Steine spielen eine große Rolle für unsere Gesundheit und unsere Stimmungen. Die Tipps in den entsprechenden Kapiteln können tatsächlich mehr Farbe, Rhythmus und Melodisches in Ihr Leben bringen. Es gibt kaum etwas, was so unterschiedliche Empfindungen im Menschen auslöst wie Musik. Deshalb handelt es sich gerade bei den Musikempfehlungen lediglich um Vorschläge. Stellen Sie sich Ihre Tagesmusik selbst zusammen, Ihre persönliche Musik für jeden Tag. Musik ist Nahrung für Ihre Seele – nur das Beste und das, was Ihnen am meisten entspricht, ist gut genug für Sie!

Lassen Sie sich berauschen von
den Farben Ihres Geistes
und den Melodien Ihrer Seele.

Auch bei allen anderen Vorschlägen und Tipps können Sie Ihre persönlichen Vorlieben mit ins Spiel bringen. So geht es auch nicht nur darum, dass Sie nur am Montag Reis und am Dienstag immer Gerste essen, sondern dass Sie sich der Vielfalt und der Nährkraft der verschiedenen Getreidearten bewusst werden und Abwechslung in den wöchentlichen Speiseplan bringen.

Denken Sie daran, dass es mit Humor viel leichter geht. Klopfen Sie sich stolz und zufrieden auf die Schulter, wenn Sie Erfolg haben. Und wenn es danebenging, gönnen Sie sich zum Trost etwas Besonderes, machen Sie sich neuen Mut, bitten Sie das Göttliche um Hilfe – lernen Sie daraus, und probieren Sie es von neuem. Vielleicht schon zum 7. Mal. Machen Sie sich stets bewusst: Es wäre doch langweilig und würde gar keinen Spaß machen, wenn all unsere Wünsche sofort in Erfüllung gingen.

So möchte ich Sie schlicht und einfach bitten, ein wenig darüber nachzudenken, wie Sie die einzelnen Tage erleben, und vor allem: Entwickeln Sie Strategien, wie Sie das Beste aus jeder Tagesqualität herausholen können.

Jeder Tag ist ein besonderer Tag
und am Abend unwiderruflich vorbei!

Das folgende wunderschöne indische Gedicht bringt dies besonders gut zum Ausdruck:

Hab Acht aufs Heute:
Denn es ist das Leben,
der Kern des Lebens.
In seinem raschen Lauf liegen all
die Dinge und Wahrheiten des Daseins:

die Freude am Wachsen,
die Herrlichkeit des Tuns,
der Stolz auf das Können.
Das Gestern ist Erinnerung,
das Morgen nur ein Zukunftsbild.
Doch das recht gelebte Heute
macht jedes Gestern zum Andenken des Glücks
und jeden Morgen zum Bild der Hoffnung.
Achte daher wohl aufs Heute!

Wagen Sie den Sprung ins Wesentliche, das unsichtbar ist und doch unser Leben bestimmt. Wagen Sie »Ja« zu sagen zu jedem Moment. Das Leben findet täglich statt. Organisieren Sie jeden Tag neu, nutzen Sie ihn und machen Sie das Beste daraus. Genießen Sie jeden Tag Ihres wundervollen Lebens!

In herzlichster Verbundenheit
Ihre

Wochenmanagement

Oft werde ich gefragt, wie ich das alles schaffe: Die Woche über gebe ich Yogakurse, nebenbei schreibe ich Bücher, halte Vorträge im In- und Ausland, pflege meine Beziehungen und die Gastfreundschaft, habe Zeit zu lesen, zu wandern, kulturelle Veranstaltungen zu besuchen und vieles mehr. Die Antwort ist ganz einfach: Ich schaffe es dank meines Wochenmanagements. Für jeden Tag nehme ich mir etwas Besonderes in puncto Arbeit und/oder Vergnügen vor. Meistens halte ich mich daran, aber ganz ohne Zwang. Hier ein paar Tipps, die ich bei einem Frauentreffen weitergab. Das Feedback, das ich nach einigen »Probewochen« erhielt, war umwerfend.

Kaufen Sie sich einen ganz schicken und
imposanten Terminkalender!

- Schreiben Sie zunächst alles auf, was Sie die ganze Woche über machen müssen (Stichworte genügen).
- Dann verteilen Sie Ihre täglichen und wöchentlichen Verpflichtungen auf die Wochentage (Hausarbeit nicht vergessen).
- Jetzt planen Sie Ihre kleinen Freuden.
- Sie legen einen Wochen-Höhepunkt fest und setzen Prioritäten.
- Planen Sie auch Ihre Meditationen und Ihre Ruhezeiten mit ein.
- Vielleicht bleibt noch etwas Zeit für einen Mitmenschen, der es dringend brauchen kann: ein Anruf, ein Brief oder ein Gespräch usw.

Bleiben Sie trotz sorgfältiger Wochen-Planung flexibel und spontan. Was Sie an einem Tag nicht erledigen können oder wollen, verschieben Sie getrost auf den nächsten. Gegen Ende der Woche machen Sie einen Wochenrückblick und bringen Unerledigtes zu Ende oder verschieben es auf die nächste Woche.

Belohnen Sie sich für Ihre gelungene Woche.

So meditieren Sie richtig

Ganz gleich, in welcher Haltung Sie meditieren, sie sollte immer gerade und entspannt sein.

Im Stehen sind die Füße hüftbreit auseinander und nach vorn ausgerichtet, die Knie sind leicht gebeugt.

Sitzen Sie auf einem Stuhl (möglichst weit vorn), sollten die Füße auf dem Boden aufliegen und gerade nach vorn ausgerichtet sein. So sind Sie geerdet, das heißt, Sie nehmen in dieser Haltung die stabilisierende, regenerierende und zentrierende Kraft der Erde am besten auf und Ihre verbrauchte Energie kann optimal abfließen.

Meditieren Sie im Schneider- oder Meditationssitz, achten Sie darauf, dass beide Fußaußenkanten auf dem Boden aufliegen. Auch das begünstigt das Ein- und Ausströmen der Energie.

Möchten Sie im Liegen meditieren, achten Sie auf eine entspannte, gleichmäßig ausgerichtete Rückenlage. Legen Sie ein Polster unter die Oberschenkel oder ein Kissen unter den Kopf.

Mit der folgenden Atemtechnik kommen Sie am schnellsten in den Alphazustand, einen entspannten Zustand, in dem Sie schnell in die Schichten Ihres Unterbewusstseins tauchen und gleichzeitig den Kontakt zum Höheren Selbst herstellen können. Diese Atemtechnik kann auch eine leicht berauschende Wirkung haben. Sie weckt die Intuition und die Inspiration. Gehen Sie folgendermaßen vor:

Sie machen sechs tiefe Atemzüge. Das heißt,

- Sie atmen tief ein,
- halten die Luft einige Sekunden an und
- atmen langsam wieder aus.
- Während Sie einatmen, richten Sie sich erneut auf und beim
- Ausatmen lassen Sie jede Spannung in Zunge, Kiefer sowie im ganzen Gesicht und Körper los.

Wenn Sie die Texte zur Visualisierung lesen, stellen Sie sich die Bilder und Szenen während des Lesens so klar und deutlich wie möglich vor, das aktiviert die beiden Gehirnhälften. Sie sind dabei voller Inbrunst, bleiben aber gleichzeitig gelassen und ohne Erwartungshaltung – das ist eine große Kunst. Entwickeln Sie das zur Visualisierung passende Gefühl. Man kann sich tatsächlich vorstellen, dass man glücklich und zufrieden ist – und mit etwas Übung geht es immer besser.

Die Affirmationen sprechen oder flüstern Sie im Rhythmus Ihres Atems, so dass Sie die Worte selbst gut hören. Sie können die Sätze aber auch einfach nur denken. Wie lange Sie meditieren, ist nicht von Bedeutung. Richten Sie sich nach der Zeit, die Sie zur Verfügung haben.

Wenn Sie die Meditation beenden, lassen Sie sich Zeit. Sie recken und strecken sich ausgiebig und schalten mit allen Sinnen wieder auf das Alltagsgeschehen um. Meditationen, mit denen Sie ein besonderes Thema erarbeiten möchten, können Sie regelmäßig wiederholen: entweder jeden Tag ein- bis zweimal oder wöchentlich. Mit den Meditationen säen Sie Samen. Die Samen nähren sich von den danach folgenden Gedanken und Gefühlen. Darum sind Qualität und Färbung der Gedanken und Gefühle so wichtig. Eine zuversichtliche, gelöste und frohe Haltung bei der Meditation ist von größter Bedeutung. So wie das Unsichtbare, Unfassbare in unserem Leben oft das Bedeutendere und Wichtigere als das Sichtbare ist, so ist die Verbindung mit dieser Kraft und Macht auch für den Erfolg unserer Meditationen von größter Bedeutung.

Wenden Sie sich bei jeder Meditation dem Licht zu – dem Göttlichen. Übergeben Sie Ihr Leben und Ihre Angelegenheiten der Liebe, der Weisheit und den Mächten des universellen Bewusstseins, und Sie erleben Freiheit, Frieden, Freude.

Sie werden innerlich frei,
so zu sein, wie Sie möchten,
das zu tun, was Sie erfüllt,
das zu haben, was Ihnen entspricht
und Ihnen Freude macht.

Mudras, die Fingerkraftwerke

So wie wir alles, was wir sagen, mit entsprechenden Gesten unterstützen, so drücken die Menschen zum Beispiel in Indien und China auch während der Meditation bzw. während des Gebets ihre Gedanken oder Worte mit Gesten aus.

Diese Gesten, so genannte Mudras, bringen blockierte Energien zum Fließen; sie sind wohltuend und wirken regenerierend und heilend auf Körper, Geist und Seele.

Nehmen Sie während der Mudra-Praxis immer eine zentrierte, aufrechte und entspannte Meditations-Haltung ein, so wie ich sie im vorherigen Kapitel beschrieben habe.

Machen Sie Ihre Mudra-Praxis
zu einem heiligen, heilsamen Ritual.

Der Druck der Hände oder der Finger, die zusammengehalten werden, ist sanft und bewusst.

Richten Sie in diesen wenigen Minuten Ihre volle Achtsamkeit auf den Atem und auf die Handstellungen. Sprechen Sie davor oder danach eine Affirmation oder tauchen Sie in eine entsprechende Visualisierung.

Lassen Sie sich Zeit. Drei bis sieben Minuten können schon genügen. Nicht die Dauer bringt am meisten, sondern die Konzentration, die Intensität und die guten Gedanken während der Mudra-Praxis.

Düfte verschönern das Leben

Düfte können Stimmung und Wohlbefinden innerhalb weniger Sekunden verändern, denn durch den Riechnerv gelangen sie auf direktem Weg ins limbische System, das für unsere Stimmungen und Gefühle verantwortlich ist. Düfte sorgen nicht nur für sinnliches Vergnügen oder eine erhöhte Konzentration, sondern haben auch eine ganzheitliche Wirkung auf Körper, Geist und Seele. Ganz entscheidend für die Wirkung ist die Qualität! Nur hundertprozentig naturreine Öle, wenn möglich aus kontolliert-biologischem Anbau, garantieren die gewünschten Effekte. Chemische Essenzen können mit der Zeit sogar schädlich sein. Aber auch bei den reinen Ölen sollte man die Dosierung nicht übertreiben und sich auch nicht den ganzen Tag oder sogar wochenlang vom gleichen Duft berieseln lassen. Zu viel des Guten ist auch da ungesund. Daher ist es ideal, wenn Sie jeden Tag einen anderen Duft verwenden. Achten Sie auch bei den Massage-Basisölen auf Topqualität. Neutral, lange haltbar und am besten verträglich ist Jojobaöl. Im Mandelöl sind pflegende Wirkstoffe für die Haut enthalten (ideal für trockene Haut) und Hanfsamenöl wirkt besonders entspannend.

Selbstverständlich können Sie aus der von mir vorgeschlagenen kleinen Auswahl auch eigene, speziell Ihnen entsprechende Mischungen zusammenstellen. Für mich ist nicht nur der feine Duft, sondern auch die Wirkung von Bedeutung und das war auch maßgebend bei meinen Mischungen im Buch. Es kann gut sein, dass Sie einen Duft nicht mögen, dann ersetzen Sie ihn durch einen andern.

Lassen Sie sich vom Zauber des Duftes einhüllen,
erleben Sie eine Ahnung vom Paradies!

Die Kraft der Steine

Dass von Steinen eine Schwingung ausgeht, dass Steine sogar Klang erzeugen und die Hirnwellenfrequenzen beeinflussen, ist heute erwiesen. Unterschätzen Sie also die Heilkraft der Steine nicht. Kaufen Sie Ihre Steine in einem seriösen Fachgeschäft und achten Sie darauf, dass sie nicht bestrahlt, gefärbt oder auf eine andere Art und Weise »verschönert« oder gar imitiert wurden.

Jedem Wochentag habe ich einen Stein zugeordnet, der für jeden erschwinglich und dessen Wirkungsweise belegt ist. Möchten Sie mehr darüber wissen, so finden Sie reichlich Material in den Büchern von Michael Gienger oder belegen Sie einen Kurs über Steinheilkunde. Eine neue Welt wird sich Ihnen offenbaren!

Dass Metalle schaden, davon liest und hört man heute immer mehr, dass sie aber auch regenerierend und heilend wirken, ist außer in der Homöopathie noch wenig erforscht. Alles, was schadet, weist auch eine gegenteilige Wirkung auf und auch hier kommt es auf das richtige Maß an. Vielleicht finden Sie gerade bei den vorgestellten 7 Metallen eines, das gut für Sie ist.

Blitzrezepte für köstliche Drinks

Säfte und Drinks für Genießer, Eilige, Sportler, Bürofreaks, Junggebliebene und Gesundheitsbewusste – für jeden Tag den passenden Trunk! Bei der Zusammensetzung der Säfte habe ich mich einerseits vom Wohlgeschmack inspirieren lassen (und endlos viele Varianten ausprobiert) und mich andererseits am neusten Wissensstand über die Zusammensetzung der Mineralstoffe und Vitamine orientiert. Ein weiteres Kriterium war der Zeitaufwand: Wenn Sie einen Mixer und einen Messbecher haben, brauchen Sie für die Zubereitung der Drinks höchstens drei Minuten (inklusive Abwasch). Messer und Schneidebrett können Sie sich auch meistens sparen, denn die Bananen zum Beispiel können Sie in gebrochenen Stücken direkt in den Mixer geben. Selbstverständlich können Sie die Zitrusfrüchte selbst auspressen, aber Sie können diese Säfte auch in ausgezeichneter Qualität im Naturkostladen kaufen.

Ganz nach Ihrem Geschmack können Sie die Säfte süßen, jedoch nicht mit raffiniertem oder braunem Zucker. Verwenden Sie Rohzucker, Sanddornsaft, Ahornsirup, Birnen- oder Apfeldicksaft, um die Drinks mit zusätzlichen Mineralstoffen anzureichern.

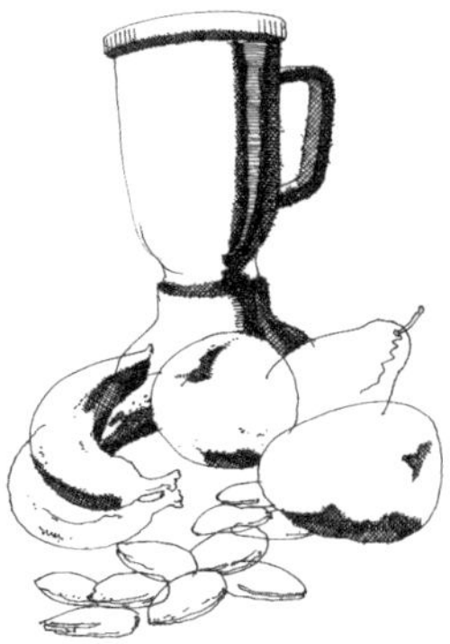

Bei den Zutaten habe ich berücksichtigt, dass sie das ganze Jahr über erhältlich sind: entweder frisch, getrocknet oder tiefgefroren. Sollten Sie sich nach einem Drink schlapp oder aufgebläht fühlen, kann es sein, dass Sie das Milchprodukt, die Banane oder eine andere Zutat nicht gut vertragen. Verändern Sie dann die Zutaten so, dass der Drink Ihnen wirklich gut tut. Die Säfte können Sie auch an den Arbeitsplatz mitnehmen oder Ihrem Besuch als Ihre Spezialität servieren. Die Drinks können im Kühlschrank etwa 10 Stunden lang aufbewahrt werden.

Schaffen Sie sich einen eisernen Vorrat an: Molkepulver, ganze Mandeln, Bananen, Sojamilch, Beeren (gefroren), Trockenfrüchte, Zitronen, Zitrusfrüchte oder deren Säfte.

Möchten Sie mehr über die Heilwirkung der Früchte, vor allem auf feinstofflicher Ebene erfahren, dann kann ich Ihnen die Bücher von Monika Helmke Hausen wärmstens empfehlen (siehe Literaturverzeichnis).

Natürlich können Sie auch selbst kreativ werden. Es gibt noch viele Früchte, die ich nicht berücksichtigt habe, die sich aber vorzüglich für Drinks eignen. Ausprobieren und genießen!

Packen Sie's positiv an!

Für das positive Denken, wovon auch in diesem Buch oft die Rede ist, sind einige wenige Regeln zu beachten. Werden diese nicht eingehalten, nützt das positive Denken wenig oder es kann sogar schaden.

- Alte negative Denkmuster, Groll, Schuldgefühle, Verurteilungen, Vorurteile und Ängste loslassen.
- Gesetzte Ziele nach Prioritäten geordnet schriftlich festhalten.
- Rückschläge und Stolpersteine beharrlich überwinden.
- Gelassen bleiben und Geduld haben.
- Die vorgenommenen Ziele sollen wirklich glücklich machen und auch der Umwelt und den Mitmenschen nützlich sein.
- Bereit sein, alles für das Ziel oder den Wunsch zu tun, was in der eigenen Macht steht und gleichzeitig der kosmischen Kraft vertrauen, im Wissen, dass sie die höchste, liebende und immerwährend helfende Macht ist.
- Den helfenden Mächte danken, seine eigenen Möglichkeiten und Fähigkeiten anerkennen und die Erfüllung der Wünsche genießen.

Sieben Wege ins Glück

Sieben Chancen – Sieben Kräfte

Mit Herz und Verstand jeden Tag gestalten und genießen

Man muss über die Freuden des Lebens
nicht viel reflektieren.
Man genießt sie besser,
ohne sie zu zählen oder zu zergliedern.

Jean Paul

Sonntag – Weg des Lichts

Schon die alten Germanen haben den ersten Tag der Woche der Sonne zugeordnet. Die Sonne war für die alten Völker ein Symbol für die übermächtigen Kräfte des Kosmos, die das Geschick der Menschen steuern. Der Lichtgott des Nordens, Baldur, war ein vielgeliebter Götterjüngling mit sonnigem Gemüt. Apollo, ein wunderschöner Jüngling mit unwiderstehlicher Anziehungskraft, war der Sonnengott der Griechen und später auch der Römer. Ihm unterstanden die Hirten, die Musiker, die Poeten, die Jugend und die Heilkunst.

Der Sonntag ist der Tag der Ruhe und es steckt in ihm der Neubeginn. Oft folgen einer Zeit der Ruhe und Muße neue Schaffenslust, neue Ideen und Begeisterung. Die Sonne hat viel mit Geburt, Keimen und Neubeginn zu tun (»Es kommt etwas ans Licht«). Wir denken zuerst in Ruhe über etwas nach – es regt sich etwas, stellen es uns vor, versuchen zu spüren, wie es sein wird. Und wenn es uns zusagt, setzen wir es um.

Wie die Sonne in der Natur wirkt, als Lebenserweckerin und Lebensspenderin aller Pflanzen, so übt sie auch ihren Einfluss auf uns Menschen aus – und zwar auf der körperlichen, geistigen und emotionalen Ebene.

Die Sonne verkörpert pure Lebensfreude,
sie steigert die geistige Leistungskraft und
kurbelt die Ausschüttung von Glückshormonen an.

Das Sonnenlicht sendet über die Augen und die Haut Impulse an die Zirbeldrüse; das kurbelt die Produktion von stimmungshebenden Hormonen an. Depressive sollten deshalb jeden Tag 10–30 Minuten Sonnenlicht tanken.

Außerdem feuert die Sonne das Immunsystem an, aktiviert die sexuellen Triebe, vertieft die Atmung und regt allgemein den Stoffwechsel an. Der Sauerstoffgehalt im Blut steigt; durch die Bildung von Vitamin D werden Knochen und Zähne gestärkt.

Viele Menschen legen heute Hunderte von Kilometern zurück, um die Sonne zu genießen (und schaden damit der Umwelt), als ob sie zu Hause nicht scheinen würde. Ihre regenerierende und heilende Kraft wirkt sogar durch die Wolken, darum tut's auch ein sonntäglicher Spaziergang auf den nächsten Sonnenhügel. Die Wirkung des Lichts wird allerdings durch Glas stark vermindert. Nehmen Sie deshalb die Brille zwischendurch kurz ab. Wenn Sie – aus welchen Gründen auch immer – das Haus nicht verlassen können, setzen Sie sich ans offene Fenster. Auch durch die Poren der Haut wird Sonnenlicht getankt, aber nur, wenn sie nicht mit zu viel Sonnenschutzmittel verstopft sind.

Zu viel Sonne schadet allerdings nicht nur der Haut, sondern kann auch die inneren Körperfunktionen aus dem Gleichgewicht bringen – sie kann schwächen oder aufheizen, das heißt, man wird schlapp und müde oder innerlich unruhig und gereizt. Jeder kann spüren, wie an einem warmen, sonnigen Nachmittag das Denken und die Stimmung träge werden. Man wird angenehm müde und friedlich – sogar zu müde, um heftige Gefühle aufzubauen. Zu viel Sonne kann auch süchtig machen. Trotz der Gefahren liegt man stundenlang in der Sonne und bekommt nicht genug davon.

Aus astrologischer Sicht unterstehen der Sonne
Selbstentfaltung und Individualität.

Wie in einem Samen die ganze Pflanze vorbestimmt ist, so sind auch in jedem von uns bestimmte Eigenschaften und Neigungen angelegt, die wir annehmen und entfalten sollten. Zu viel Sonne kann allerdings auch »verblenden«: Man sieht alles zu rosig, überschätzt sich und nimmt sich zu wichtig oder man wird gleichgültig und oberflächlich.

Probleme mit der inneren Sonne sind immer auch Probleme der gesamten Persönlichkeit und im Besonderen des Herzens (»nicht mit dem Herzen dabei sein«). Menschen mit Herzproblemen passen sich oft zu sehr an, stehen nicht zu sich selbst, wollen sich anders geben, als sie sind, und tun deshalb oft die für sie »falschen Dinge«.

Machen Sie sonntags nur das,
wozu Sie ganz persönlich Lust haben.

Diese Tätigkeit sollte allerdings nicht zweckgebunden, sondern Muße sein. Wichtig ist, dass Sie sich öfter Zeit für bewusstes Innehalten und Stillwerden einräumen. Wie oft geht uns bei süßem Nichtstun – in der Stille – »ein Licht auf« oder wir sehen eine Sache »in neuem Licht« oder es wird uns etwas »sonnenklar«. Dann sind wir kreativ und sonnenbestimmt und entwickeln eine tiefe Abneigung gegen das Enge, Niedrige und Dunkle. Wir werden großzügig, wohlwollend und tolerant und sind uns unseres eigenen Wertes bewusst. Wir genießen es, im Mittelpunkt zu stehen.

Der Sonntag eignet sich auch gut, um die Geselligkeit zu pflegen. Laden Sie Gäste ein. So könnten Sie die Woche mit einem geselligen Frühstück beginnen.

Gestalten Sie den Sonntag so,
dass er für Sie etwas ganz Besonderes wird –
ausreichend ruhen, der Muße frönen und Sonnenlicht tanken.

Max Zumsteg sagt dazu: »So wie die Sonne das Sonnensystem beherrscht, sollte auch das Sonnige über den Sonntag in die Woche einfließen. Der Sonntag soll so sonnig sein, dass er noch lange in die Arbeitswoche ausstrahlt und man sich auf den nächsten Sonntag freuen kann. Bereiten Sie den Sonntag vor, damit er nicht von Sach- und Arbeitszwängen bestimmt wird. Durch einen Spaziergang, eine nette Begegnung, ein Konzert, einen guten Film, ein spannendes Buch oder etwas anderes Schönes kann selbst ein Regentag in ›sonniger‹ Erinnerung bleiben.«

Großzügig strahlt die Sonne ihr Licht, ihre Wärme,
ihre weckenden Kräfte auf alles und jedes aus.
Will eine Pflanze erblühen, dann muss sie sich öffnen.
Will ein Mensch sich voll entfalten, dann muss er sich ebenfalls
öffnen – der Sonne, dem Symbol der göttlichen Kraft.

Der positive Sonneneinfluss:
Vitalität, Glanz, Optimismus, geistige Klarheit, Erkenntnis, Mut, Begeisterung, Leichtigkeit, Lust, Sexualität, Kreativität, Initiative, Unabhängigkeit, Selbstbewusstsein, Würde.

Der negative Sonneneinfluss:
Hochmut, Prunk, Gleichgültigkeit, Eitelkeit, Verblendung, Unersättlichkeit, Rücksichtslosigkeit, Ichbezogenheit.

Audienz bei der Sonnenkönigin

Jeder Planet verkörpert eine archetypische Kraft, die auch im Menschen zur Wirkung kommt. Ist diese Kraft harmonisch und ausgeglichen, zeigt sie sich als positive Eigenschaft und Fähigkeit. Da wir all dem Energie geben, womit sich unsere Gedanken und Gefühle beschäftigen, können wir davon ausgehen, dass wir mit der folgenden Visualisierung die guten Kräfte der Sonne in uns verstärken.

Es fällt Ihnen sicher leichter, sich mit einer vorgestellten Person in Verbindung zu setzen als mit einer abstrakten Idee wie beispielsweise mit einer Sonnenscheibe. Stellen Sie sich die Sonne als Königin, als Herrscherin oder als Göttin/Gott vor.

Sie setzen oder legen sich bequem hin und kommen mit 10 tiefen Atemzügen in Ihr Innerstes. Lesen Sie langsam und entspannt den folgenden Text und stellen Sie sich vor:

Sie befinden sich im sonnigen Süden und lassen sich von dieser südländischen Atmosphäre gefangen nehmen. Sie stehen auf einem Hügel und betrachten in aller Ruhe und Besonnenheit die Landschaft, die sich vor Ihnen ausbreitet. Da es Vormittag ist, ist die Luft klar und frisch. Bald wird die Sonne höher steigen, und es wird heiß werden. Sie schauen über schattige Landstriche, wo noch saftiges Grün herrscht, aber auch über sonnenbeschienene Hügel, wo schon viele Pflanzen gelb und braun verfärbt sind. Die Sonne erweckt jegliches Leben und beendet es auch wieder. Sie gehen nun weiter und kommen an ein goldenes Tor, das Sie öffnen und durchschreiten. Sie befinden sich in einem parkähnlichen Obst- und Gemüsegarten. Hier erwartet Sie Apollo, der Sonnengott, ein wunderschöner, blond gelockter Jüngling. Er bietet Ihnen an, Sie durch das Reich der Sonnenkönigin zu führen. Sie besuchen mit ihm reiche Plantagen, malerische Orte, deren Häuser weiß gestrichen sind, und in den schattigen Lauben sitzen die Menschen gemütlich beisammen. Auch Sie begeben sich auf eine Sonnenterrasse. Nach einer Weile unterbricht Apollo die Ruhe, indem er sagt:

»Ich habe dir nur das Schöne und Wohlgefällige, die so genannten Sonnenseiten unseres Landes gezeigt. Aber wo Sonne ist, da ist auch Schatten. Auch bei uns gibt es unglückliche Menschen. Wie die Sonne am Himmel für alle scheint, so soll auch unsere innere Sonne für alle scheinen. In vielen Menschen herrschen Kälte und Dunkelheit, sie brauchen deine Wärme und dein Licht besonders. Du musst nicht immer etwas tun oder sagen, sondern oft einfach nur verständnis- und liebevoll sein. Dies kannst du aber nur sein, wenn du deine Sinne öffnest für das Gute und Schöne, das uns stärkt, und wenn du dir die nötige Ruhe gönnst, die dir Besonnenheit und Klarheit schenkt. Sei auch du eine kraftvolle, wärmende und lichtspendende Sonne in deiner Welt, dann kommst auch du immer mehr in den Genuss von Sinnvollem und Beglückendem in deinem Leben.«

Er nimmt nun Ihre Hand, führt Sie durch kleine, schattige Gässchen zu einer breiten Treppe aus weißem Marmor. Sie führt zum weißen Marmorpalast der Sonnenkönigin. Sie durchschreiten bei leiser Sphärenmusik verschiedenfarbige Säle, die geschmückt sind mit Blumen und Kräutern des Sommers, zum Beispiel Sonnenblumen, Rosmarin, Johanniskraut, Salbei, Melisse, Kamille, Margeriten und viele mehr. Sie kommen in einen besonders prunkvollen, weißen Saal, und da sitzt auf einem goldenen Thron die Sonnenkönigin. Sie trägt ein weißes Kleid, einen schweren goldenen Gürtel, eine Kette mit einem großen blauen Saphir, einen goldgelben Mantel und eine Krone, mit Diamanten und anderen, verschiedenfarbigen Steinen verziert. Ihr Gesicht wird umrahmt von einer goldblonden Haarpracht und Ihre Augen sind von tiefstem Blau. Direkt vor ihr steht ein kleiner Schemel, und sie bittet Sie, Platz zu nehmen. Sie sagt:

»Ich übertrage nun meine Energie auf dich, ohne dass du so oder so sein musst, dieses oder jenes tun oder haben musst. Ich beschenke dich, weil du so bist, wie du bist. Es ist die Energie der Vitalität, der Hoffnung und des Muts, der Ruhe und Besonnenheit, der Klarheit, der Lust und der Begeisterung. Lass dich ganz davon erfüllen, und gib von dieser Energie ohne Vorbehalt weiter. Sei ein Licht, das deiner Umwelt Helligkeit, Klarheit und Hoffnung bringt.«

Die Sonnengöttin verwandelt sich nun vor Ihren Augen in eine strahlende Lichtkugel, deren Licht und Kraft sich auf Sie überträgt. Diese Lichtkraft durchströmt und umhüllt Sie. Besonders in Ihrem Herzen spüren Sie eine wunderbare Wärme, die sich langsam über Ihren ganzen Körper verteilt. Es ist, als würden Sie sonnenbaden; es wärmt Sie bis ins Mark. Genießen Sie diese Energie noch eine Weile und kommen Sie dann wieder zurück in die Gegenwart.

Meditationen für den Sonntag

Die alten Völker verehrten die Sonne und setzten sie dem Göttlichen gleich oder sahen in ihr ein Symbol der göttlichen Kraft. Diese Kraft kann uns öffnen, so wie das Licht der Sonne die Pflanzen öffnet. Nur eine geöffnete Blüte kann den Sinn ihres Daseins erfüllen. Genauso ist es bei uns. Wie eine offene Blume wunderschön ist und Freude macht, so können uns die folgenden Meditationen viel Freude bereiten und uns all das schenken, was Leichtigkeit und Licht in unser Leben bringt.

Energie tanken

Nehmen Sie Ihre Meditationshaltung ein oder legen Sie sich hin. Ihre Hände formen Sie zu offenen Schalen. Stellen Sie sich vor:

Sie sitzen unter der strahlenden Sonne. Auf dem Kopf, auf jeder Hand und jedem Fuß liegt ein offener Blütenkelch. Beim Einatmen nehmen Sie das Licht durch die Blüten auf, lassen sich in der Atempause davon erfüllen, und ausatmend verströmen Sie es durch ihr Herz an Ihre Umwelt. Dabei wiederholen Sie den folgenden Leitsatz mehrere Male:

»Ich öffne mich der göttlichen Freude,
lasse mich davon erfüllen und
strahle sie durch mein Herz hinaus in die Welt.«

Bleiben Sie 5–20 Minuten sitzen oder liegen, und beenden Sie die Meditation mit einem kräftigen Recken und Strecken.

Sie können auch andere Qualitäten einsetzen, die für Sie zur Zeit wichtig sind, zum Beispiel heilende Kraft, göttliche Weisheit, wegweisendes Licht, göttliche Liebe, Frieden, Geduld und Gelassenheit.

Sonnengebet

Oft kommen Menschen zu mir, um sich Rat oder Trost zu holen, weil sie krank sind oder Sorgen haben. Dann empfehle ich ihnen neben allem, was sie ansonsten noch tun können, zu beten. Viele schauen mich dann hilflos an, weil sie nicht mehr wissen, wie man betet. Ich kann das verstehen, denn es gab eine Zeit, da konnte ich es auch nicht mehr. Aber Beten kann man neu erlernen – und es ist ganz einfach. Den göttlichen Kräften ist es auch ganz egal, ob und wann man überhaupt schon mal gebetet hat. Man beginnt und es wirkt sofort oder zu gegebener Zeit. Es gibt viele Arten des Betens, jede Meditation kann ein Gebet sein. Die folgende Meditation ist eines der schönsten Gebete, die ich überhaupt kenne.

Bei dieser Meditation geht es darum, dass Sie etwas loslassen, das Sie belastet, bedrückt oder schmerzt, indem Sie es den Wellen des Flusses übergeben. Wie übergeben Sie nun Sorgen, Verpflichtungen, Ängste oder eine Krankheit diesen Wellen, da all dies ja keine sichtbare Form hat? Ganz einfach: Sie stellen sich das, was Sie loswerden möchten, symbolisch vor, zum Beispiel als dunklen Knäuel, und lassen ihn über die Wellen tanzen. Im zweiten Teil der Meditation stellen Sie sich abstrakte, positive Begriffe wie Freude, Erkenntnis, Vitalität, Zukunftsprojekte usw. als Lichtkugel vor.

Nehmen Sie Ihre Meditationshaltung ein oder legen Sie sich hin. Die Hände sind zu offenen Schalen geformt, die das Wasser auffangen und wieder ausgießen. Stellen Sie sich vor:

Sie sitzen auf einem kleinen Sandhügel direkt am Meer. Die Wellen kommen schäumend auf Sie zu, brechen sich vor Ihren Füßen, gehen wieder zurück und verschwinden im großen Meer. Die Sonne scheint, und die Strahlen spiegeln sich auf der Wasseroberfläche. Eine goldene Lichtstraße führt direkt vor Ihnen über das Wasser in das Licht der Sonne.

Während Sie ausatmen, lassen Sie das los, was Sie beängstigt oder bedrückt. Übergeben Sie es den Wellen, die es hinaus ins weite Meer tragen. Sie tragen es über die Lichtstraße direkt zur Sonne, zum großen Licht – Symbol für das kosmische Bewusstsein oder das Göttliche, Kosmische. Geben Sie alles ab – bis Sie sich herrlich frei und leicht fühlen. Es kann sein, dass Sie über einen längeren Zeitraum hinweg immer wieder dasselbe loslassen müssen, weil es immer wieder von neuem da ist. Bleiben Sie geduldig, bleiben Sie beharrlich!

Nun achten Sie verstärkt auf das Einatmen.

Während Sie einatmen, bleiben Sie offen für das Licht der Sonne, das die Wellen Ihnen zutragen. Es ist die Kraft der Zuversicht, der Weisheit, der Leichtigkeit und der Begeisterung, die sie Ihnen bringen. Alles wird gut werden, wenn Sie sich und Ihr Leben ganz der göttlichen Kraft anvertrauen und sich helfen und leiten lassen.

Mit einem großen Dankeschön für alles, was Sie sind und haben und was Ihnen in Zukunft geschenkt werden wird, beenden Sie die Meditation.

Heilmeditation

Die moderne Biophotonenforschung beweist, dass jede lebende Zelle Licht in sich trägt und ausströmt. Die Qualität des Lichts macht die Gesundheit aus. Auch kranke Zellen haben Licht in sich. Dieses Licht scheint allerdings schwach, ungeordnet und disharmonisch, die Kommunikation mit anderen Zellen ist beeinträchtigt oder ganz blockiert (zum Beispiel bei Tumoren). Licht nehmen wir durch die Augen, die Haut und durch die Nahrung auf. Achten Sie deshalb auf die Qualität der Lebensmittel und Kleidung und nehmen Sie im Freien die Sonnenbrille zeitweise ab.

Die folgende Meditation wirkt ordnend und harmonisierend auf die Lichtstruktur der Zellen und regt deren Kommunikation an. Sie stärkt Körper, Geist und Seele, indem die Vorstellung von Licht die einzelnen Zellen energetisch bzw. elektrisch auflädt und somit auch Heilungsprozesse auf der körperlichen und seelisch-geistigen Ebene aktiviert.

Da die meisten Krankheiten ihren Ursprung auf der seelisch-geistigen Ebene haben, sollte mit jeder Heilmeditation auch danach geforscht werde: Was macht mich krank? Was muss ich tun oder lassen, um gesund zu werden und zu bleiben? Sind die Antworten, die von innen kommen, hart und zynisch, dann stammen sie nicht vom Höheren Selbst, sondern sind die Stimme einer verletzten Teilpersönlichkeit. Das Höhere Selbst ist verständnis- und liebevoll und verlangt von uns nichts, wozu wir nicht die Kraft haben.

Nehmen Sie Ihre Meditationshaltung ein oder legen Sie sich hin. Legen Sie die Hände auf Ihren Solarplexus.

Stellen Sie sich nun im Solarplexus eine Sonne vor, die mit jeder Einatmung heller und strahlender wird. Die Strahlen reichen immer weiter – ins Becken – in die Brust – in die Beine – in die Arme – in den Hals – in die Füße – in die Hände – in den Kopf … Wünschen Sie Heilung in einem bestimmten Körperteil, dann lassen Sie die Sonne nun langsam dorthin wandern. Lassen Sie die Sonne mit jedem Atemzug neu erstrahlen. Legen Sie beide Hände nun an die entsprechende Stelle, falls möglich. Stellen Sie sich außer dem Licht auch die Wärme vor … Bleiben Sie dabei ganz gelassen, und sprechen Sie voller Inbrunst immer wieder:

»Die Macht und Kraft des Lichts schaffen
neue Ordnung und Heilung in ______________________________.«
(Setzen Sie hier den Namen des Organs oder des Körperteils ein).

Beenden Sie die Meditation nach 5–30 Minuten. Bleiben Sie noch einen Augenblick, und denken Sie darüber nach, wie es sein wird, wie Sie sich fühlen werden, was Sie anders machen werden, wenn Sie wieder gesund sind. Schon während der Krankheit ist es nötig, sich innerlich für die Zeit danach neu zu orientieren. Jetzt sagen Sie 3mal die folgende Affirmation:

»Die göttliche Kraft trägt mich,
die göttliche Liebe erfüllt mich,
und das göttliche Licht weist mir den Weg
zur Gesundheit, zum Guten und Schönen.«

Diese Meditation können Sie morgens vor dem Aufstehen, abends vor dem Einschlafen und natürlich auch bei einem Sonntagsspaziergang auf einer sonnigen Bank machen – oder jeden Tag 3mal 20–30 Minuten lang, bis es Ihnen wieder gut geht.

Surya-beda – der Sonnenatem aus dem alten Indien

Der Sonnenatem weckt alle Lebensgeister und alles Sonnige in Körper, Geist und Seele.

- Gerade und entspannt sitzen:
- Das linke Nasenloch mit dem linken Zeigefinger zuhalten und durch das rechte Nasenloch einatmen.
- Den Atem etwa 3 Sekunden anhalten, mit dem rechten Zeigefinger das rechte Nasenloch schließen und das linke öffnen und ausatmen.
- Das Ganze 6mal wiederholen – immer rechts einatmen.
- Danach 6mal tief durch beide Nasenlöcher ein- und ausatmen.

Mudra – die Glückshormone tanzen lassen

Die folgende Mudra, können Sie zu einem ausgedehnteren Sonntagsritual gestalten oder zwischendurch machen, wenn Sie leicht deprimiert sind und frische Energie benötigen. Es geht um die Aufnahme von Sonnenlicht, das Ihnen einerseits Ruhe und Stabilität gibt und andererseits seelische Weite, Größe, Leichtigkeit und strahlende Freude. Zudem aktiviert sie die Ausschüttung der Glückshormone.

Nehmen Sie den Meditationssitz ein, setzen Sie sich auf einen Stuhl, oder stellen Sie sich geerdet hin. Sie sind draußen an einem ruhigen Ort oder drinnen vor dem geöffneten Fenster.

Das Gesicht ist mit geschlossenen Augen der Sonne zugewandt. Strecken Sie die Arme locker nach oben aus, die Handinnenflächen zeigen zur Sonne. Stellen Sie sich vor, wie Sie durch Augen und Hände mit jedem Atemzug Sonnenlicht aufnehmen und wie Licht und Wärme durch Ihre Handflächen bis in den letzten Winkel Ihres Körpers strömen. Halten Sie die Stellung 2–3 Minuten lang.

Danach legen Sie die eine Hand auf den Unterleib, die andere auf das Brustbein. Spüren Sie die Wärme der Hände auf Bauch und Brust (etwa 5 Minuten lang).

Halten Sie danach die verschränkten Hände, die Sonnenfinger (Ringfinger) liegen aneinander, vor der Brust. Sprechen Sie dabei 7mal:

»Ich bin verbunden mit deinem Reich,
mit deiner Kraft,
mit deiner Herrlichkeit – in Ewigkeit.«

Da lacht das Herz!

Es braucht so wenig, um in Sekundenschnelle auf Trab zu kommen, Herz und Kreislauf anzukurbeln und Geist und Seele zu erfreuen.

Hüpfen auf der Stelle

Sie bleiben dabei ganz entspannt und hüpfen so lange, bis Sie sich locker fühlen, warm werden und das Herz etwas schneller schlägt.

»Verspannungen, Belastendes und Bedrückendes entweichen wie dunkle Nebelschwaden aus meinen Poren und lösen sich im goldenen Licht der Sonne auf.«

Gruß an Himmel und Erde

Tief einatmen; gestreckte Arme heben, Bauch einziehen und die Arme bis hinter die Ohren führen (kein Hohlkreuz machen!). Atem anhalten; Knie beugen und Oberkörper in die Waagrechte bringen, Arme kräftig nach vorn strecken und den Blick geradeaus halten. Ausatmen; Knie beugen, noch mehr beugen, Kopf hängen lassen, Hände aufstützen und Stirn auf den Boden legen. Einatmen; sich mit Schwung wieder aufrichten, Arme heben … 6mal

»Ich grüße die herrlichen Kräfte
des Himmels und
beuge mich ehrfurchtsvoll
zur mütterlichen Erde.«

Einen Baum umarmen

Diese Übung stärkt den Herzmeridian.
Stellen Sie sich gegrätscht und mit leicht gebeugten Knien hin. Breiten Sie die Arme auf Brusthöhe aus, als wollten Sie einen dicken Baumstamm umfassen. Halten Sie die Stellung 3–5 Minuten und atmen Sie dabei tief ein und aus.

»Ich liebe das Leben und
das Leben liebt mich.«

Weiß und Gelb für ein sonniges Gemüt

Zum Sonntag gehört hauptsächlich die Farbe Weiß, nicht ein mattes Weiß, sondern ein Weiß wie Schnee, das in der Sonne glitzert. Alle Farben sind darin enthalten. Ebenfalls passt Gelb in allen Schattierungen – vom hellsten Gelb bis zum tiefsten Goldgelb.

- Tragen Sie helle Kleidung und Goldschmuck. Das verleiht dem Sonntag eine festliche Note. Bevorzugen Sie dunkle Kleidung, können Sie auch auf die Komplementärfarbe Violett oder auf dunkles Blau ausweichen. Hauptsache Ihre Kleidung ist schön, bequem und festlich. Sie soll sich schließlich von der Alltagskleidung deutlich unterscheiden.
- Vielleicht haben Sie Lust, sich ein spezielles Wohlfühl-Kleid für den Sonntag zu nähen oder nach eigenem Entwurf nähen zu lassen.

Musik bewegt das Herz

Die Musik für den Sonntag ist sehr breit gefächert und umfasst alle Stilrichtungen. So trifft auch für die Musik zu, was über die Sonne gesagt wird: »Ob arm oder reich, die Sonne scheint für alle gleich.« Ob Kirchenmusik,Volksmusik oder Klassik – zum Sonntag passt alles. Mögen Sie es spielerisch, sinnlich, dann hören Sie Soul (zum Beispiel Aretha Franklin, Glydy's Knight). Oder hätten Sie lieber pompöse Musik? Experimentieren Sie sonntags mal, vielleicht entdecken Sie dabei einen Musikstil, der eigentlich gar nicht so zu Ihren Kreisen oder zu Ihrem Alter passt. Lassen Sie es Ihr Geheimnis sein und genießen Sie es von ganzem Herzen.

Ilse Arnold sagt dazu: »Sonntags, wenn ich fröhlich sein will, höre ich am liebsten südamerikanische Musik. Sie ist so fröhlich und positiv. Im Geist sehe ich dann die unendliche Weite des Ozeans, die paradiesischen Strände, die wiegenden Palmen, spüre die sanfte Brise, die unendliche Sehnsucht nach der allumfassenden Liebe und die

Leichtigkeit des Seins. Wenn ich aber in tiefere Gefilde tauchen will, dann höre ich klassische Musik; wenn ich die Einheit mit der Schöpfung und dem Schöpfer suche, höre ich sakrale Musik: Die Schöpfung von Joseph Haydn. Wenn der Chor singt ›Und Gott sprach, es werde Licht und es ward Licht!‹ und die Musik mit einer solch grandiosen Fülle auf mich einströmt, dann füllt sich meine Seele mit Licht, dann tanzen die Engel und jubilieren, dann bin ich eins mit der All-Einheit und weine Tränen der Freude. Und wenn dann der Engel Raphael seine Arie ›Leise rauschend gleitet fort im stillen Tal der helle Bach‹ über das Wasser erklingen lässt, dann bin ich ein Teil dieses Wassers, eile über tausend Steine und Wasserfälle meiner Bestimmung – dem Meer – entgegen. Dann spüre ich, dass gewisse Gedanken Gebete sind und es Augenblicke gibt, in denen – egal welche Stellung der Körper einnimmt – die Seele kniet. Dann erkennt man den Sinn hinter dem Spruch von Christian Morgenstern: ›Wer Gott aufgibt, der löscht die Sonne aus, um mit einer Laterne weiterzuwandeln.‹«

In Sphären himmlischer Düfte schwelgen …

Bergamotte, Ylang Ylang und Benzoe passen wunderbar zum Sonntag, denn sie wirken wie Balsam für die Seele. Bergamotte (Schale) entspannt, belebt und wirkt gleichzeitig stimmungsaufhellend. Ylang Ylang, der Duft dieser wunderschönen, riesigen Blüte schenkt Geborgenheit und Vertrauen, damit Sie sich fallen lassen können. Er hebt auch die Stimmung: Sie wird hell, leicht und manchmal sogar euphorisch. Benzoe, ein Harz, wärmt das Herz, so dass sich die Kraft der Liebe und Freude voll entfalten kann.

- Geben Sie davon je 6 Tropfen in Ihre Duftlampe.

Gold und Diamanten für den Sonntag

Diamant, Bernstein und Pyrit sind Sonnensteine. Der Diamant gilt wegen seines Glanzes und seiner Vollkommenheit als der König der Edelsteine. Er symbolisiert den Schöpfer, der alles hervorbringt, und den Willen und die Treue. Es gibt farblose Diamanten, die alle Farben reflektieren, und Diamanten in allen Farben. Er stärkt einerseits das Nervensystem, kann aber, zu viel getragen, auch nervös machen. Viel preisgünstiger ist der Bernstein, der alle Heilungsprozesse von A wie Allergie bis Z wie Zahnschmerzen positiv beeinflusst und zur heilenden Unterstützung als Kette oder Trommelstein getragen werden kann. Passend ist auch der Pyrit, der in die Hände genommen Selbsterkenntnis bewirkt und die eigenen Sonnen- wie auch Schattenseiten ans Tageslicht bringt. Je besser wir uns kennen lernen, um so besser können wir uns einbringen, entsprechend agieren und reagieren und Sinn und Zweck unseres Lebens immer wieder neu definieren und erfüllen.

Gold untersteht der Sonne. Gold wirkt entzündungshemmend (zum Beispiel Fingerringe gegen Arthrose), nervenstärkend und hebt die Stimmung.

- Sie legen Bernstein in eine Schale, füllen sie mit Trinkwasser auf, und stellen das Ganze morgens an die Sonne. Sprechen Sie einen Wunsch für die kommende Woche ins Wasser und trinken Sie es abends in kleinen Schlucken.

Lächeln verzaubert die Stimmung

Die beste Nahrung für Körper, Geist und Seele sind Ruhe, liebevolle Zuwendung und ein Lächeln.

- Legen oder setzen Sie sich entspannt hin. Schließen Sie die Augen und entspannen Sie Zunge und Unterkiefer. Sie atmen zunehmend intensiver und länger aus und lächeln dabei in ein Organ, Gelenk und/oder Körperteil. Bei jedem Ausatmen wandern Sie gedanklich zu einem anderen Körperteil. Stellen Sie sich dabei vor, dass Sie mit dem Lächeln Dank, Lob und Liebe an die entsprechende Stelle schicken. So einfach – und tut so gut!

Sonniger Beeren-Drink

Gleich nach dem Aufstehen eine Ladung Vitamine! War die letzte Nacht etwas länger, dann erst recht so viele frische Vitamine wie möglich und viel, viel Flüssigkeit. Mixen Sie sich einen Drink mit einer Tasse Himbeeren (200 ml), einer Banane, 250 ml Orangensaft und 250 ml Milch. Süßen mit Rohzucker oder Sanddornsaft. Reicht für etwa 4 Portionen.

> Die Himbeere ist eine große Heilerin und Trostspenderin – durchlichtet und stärkt unser Herz und unser inneres Wissen.
> *Monika Helmke Hausen*

Weizen und Dinkel

Dem Sonntag wird der Weizen zugeordnet, der zum Gedeihen und Reifen viel Wärme und Sonnenlicht benötigt. Weizen wird von allen Getreidearten am besten verdaut, denn die Nährstoffe sind ausgeglichen vorhanden. Dank dieser Eigenschaft eignet sich das nährstoffreiche, volle Korn hervorragend für geistig Arbeitende und als Diätetikum bei Herz- und Kreislaufstörungen. Schon Zarathustra lehrte, dass man mit jedem Stückchen Brot – natürlich aus Weizen oder Dinkel, das in feierlicher Stunde gegessen wird, die Kräfte der Sonne und damit auch das Licht des Göttlichen in sich aufnimmt. Durch die industrielle Verarbeitung gehen jedoch alle Vitamine, Mineralien, Ballaststoffe, ungesättigten Fettsäuren und die meisten wertvollen Eiweiße und Kohlenhydrate verloren, so dass Sie auf die Qualität besonderen Wert legen müssen.

Teigwaren mit rotem, grünem oder weißem Hut

Vollkornteigwaren aus bio-dynamischem Anbau sind für Gesunde wie Kranke ein hervorragendes Nahrungsmittel. Wenn Sie beim Anrichten noch einige Tropfen Olivenöl dazugeben, fördert das zusätzlich die Verträglichkeit. Kochen Sie die Vollkornteigwaren, wie auf der Packung angegeben. Servieren Sie dazu eine rote, grüne oder weiße Soße.

Rote Tomatensauce

Je 1/4 TL Basilikum und Oregano zusammen mit 1/4 klein geschnittener Zwiebel in Olivenöl leicht rösten. Mit einem Schuss trockenem Rotwein oder Brühe abschrecken. 1 kleine Prise Zucker und ein paar wenige Tropfen frisch gepressten Zitronensaft darüber geben. 2 gut gereifte Tomaten in kleine Würfel schneiden und 1 TL Tomatenmark dazugeben. Gut mischen und kurz vor dem Servieren mit frisch gepresstem Knoblauch abschmecken.

(Ein kleiner Tipp: Je länger Sie diese Sauce bei ganz schwacher Hitze ziehen lassen, umso kräftiger wird der Geschmack; eignet sich besonders gut zum Einfrieren und als Grundlage für andere Gerichte.)

Grüne Basilikumsauce

Ein paar Blätter frisches Basilikum, einige Pinienkerne und eine klein geschnittene Knoblauchzehe mit 2 EL Olivenöl im Mörser zerstoßen oder in einer kleinen Schüssel mit einer Gabel zerdrücken.

Weiße Knoblauchsauce

Aus Butter, klein geschnittenen Zwiebeln, Mehl, Milch und Gemüse- oder Fleischbrühe eine Portion cremige Bechamelsoße anrühren. Knoblauch nach Belieben hineinpressen und mit frisch gemahlenem Pfeffer abschmecken.

Essen wie im In-Lokal

- Dünsten Sie in einer Bratpfanne oder einem Wok Gemüse (rotes und grünes macht sich besonders gut) und Kräuter nach Belieben etwas an. Geben Sie es zum Schluss zu den gut abgetropften Teigwaren und servieren Sie dazu geriebenen Käse.
- Mögen Sie es eher orientalisch, dann geben Sie dem Gemüse noch einige Pilze bei, würzen mit Sojasauce, Ingwer, Kurkuma, Kreuzkümmel (nur wenig), Kardamom oder/und Koriander.

Besondere Sonntagsgenüsse

- Laden Sie Gäste zum Frühstück oder zu einem Grillfest ein, und genießen Sie es, im Mittelpunkt zu stehen. Laden Sie auch Menschen ein, die sonntags oft allein sind.
- Genießen Sie heute Ihren Kaffee oder schwarzen, gerösteten Tee besonders bewusst, denn darin sind Bitterstoffe enthalten, die nach der östlichen Heilkunde – allerdings in geringen Mengen – eine positive Wirkung auf Herz und Kreislauf haben.
- Auch Gegrilltes und Toast beinhalten die besagten Bitterstoffe. Serviert mit Salaten ergeben Sie ein leichtes Menü ohne großen Aufwand.
- Altbekannt ist der Sonntagsbraten, der mit beigegebenen Zwiebeln, Knoblauch und eingerieben mit Gewürzen und Öl im Römertopf immer gut gelingt und Jung und Alt erfreut. Dazu passen Teigwaren mit Käse bestreut.

Tipps für den Sonntag

- Ruhen Sie nach Herzenslust – nächste Woche geht die Arbeit dafür doppelt so schnell voran.
- Frönen Sie der Lust und genießen Sie die Muße.
- Wie wär's mit ein bisschen Sex?
- Tanken Sie Sonnenlicht beim Wandern und/oder daheim am Fenster, auf dem Balkon oder im Garten.
- Malen Sie, und lassen Sie die Farben tanzen.
- Besuchen Sie eine Kunstausstellung (heute aber nicht zur Weiterbildung).
- Hören Sie Musik oder musizieren Sie selbst.
- Singen und tanzen Sie – dazu braucht man nicht unbedingt einen Partner, eine Partnerin oder Publikum.
- Frönen Sie Ihrem ganz persönlichen Hobby.
- Legen Sie für sich eine Patience oder organisieren Sie ein Kartenspiel mit Freunden.
- Oder: Gehen Sie mit einer Freundin ins In-Cafe zum Brunch.
- Treiben Sie Sport zum Spaß (trainiert wird am Dienstag oder Mittwoch).
- Organisieren Sie einen Spiele-Nachmittag.

Der Fun-Faktor ist ganz wichtig!
Egal was Sie tun,
es muss Ihnen Spaß machen.

Ein-Minuten-Ritual

Reinigen Sie eine hübsche Schale gründlich und stellen Sie diese auf einen besonderen Platz. Sprechen Sie dabei:

Du füllst dich im Laufe der kommenden Woche
mit vielen glücklichen Stunden.

Träume nicht dein Leben,
lebe deinen Traum.

Graffito

Montag – Weg der inneren Freiheit

Montag – Mondtag, der Name sagt es bereits: Dieser Tag wird vom Mond regiert. Selene/Artemis, Kore/Persephone, Hekate und Hera sind, den Mondphasen entsprechend, die Mondgöttinnen des Südens. Sie verkörpern alle Lebensphasen von der Geburt bis zum Tod. Sie wurden als Fruchtbarkeitsgöttinnen und Geburtshelferinnen verehrt, aber auch als Zerstörende und Tötende gefürchtet. Obwohl im Norden schon seit Urzeiten ein Mondkult praktiziert wurde, sind Götter bzw. Göttinnen dieses Gestirns nicht speziell bekannt.

Es gibt nichts auf Erden,
was nicht direkt oder indirekt vom Mond beeinflusst wird.

Beobachten wir Ebbe und Flut, wird uns die gewaltige Kraft des Mondes erst richtig bewusst. Auch im menschlichen Körper beeinflusst der Mond den Wasserhaushalt und die Verdauungssäfte, indem er sie staut oder zum Fließen bringt. Er beeinflusst auch das Keimen und Wachstum der Pflanzen und bestimmt weitgehend das Verhalten der Tiere. Der Mond hat außerdem starken Einfluss auf die menschliche Psyche. Er kann zum Beispiel aggressiv machen oder auch lähmend wirken. So könnte man es am Montag beispielsweise besonders gerne haben, wenn einem gesagt wird, wo es langgeht.

Der Mond spricht im Menschen die tiefsten Seelenschichten,
das Unterbewusstsein, an.

Auch die Gabe der Intuition hängt weitgehend vom Mond ab. Bei Vollmond wird mehr geträumt. Traumata aus der frühsten Kindheit können sich später bei bestimmter Mondstellung im Traum wieder zeigen. Dabei können belastende Muster aus dem Unterbewusstsein zum Vorschein kommen und aufgelöst werden.

Montags darf man in schönen Erinnerungen schwelgen oder
den Sinn von schlechten Erinnerungen zu ergründen suchen.

Dem Mond wird allgemein das Weibliche in jedem Menschen zugeordnet. Eine Stärke des Weiblichen ist die Kraft der Geborgenheit. Früher war die Frau auch die Hüterin des Feuers (später des Hauses), um das sich bei Sturm, Kälte und Regen die ganze Sippe scharte. Und wer kann einer Familie, Kindern, alten Menschen und Freunden besser ein Gefühl der Geborgenheit und Zuversicht schenken als Frauen (es gibt allerdings auch Männer, in denen das Weibliche sehr stark ausgeprägt ist). Diese Stärke steckt in jedem Menschen.

Abhängigkeit ist ein großes Thema des Mondes. Vom Mondeinfluss wird die Mutter-Kind-Beziehung stark geprägt. Dabei geht es nicht so sehr darum, ob diese positiv oder negativ ist, sondern wie stark sie ist. Zu starke Abhängigkeit eines Erwachsenen von seiner Mutter oder umgekehrt der Mutter von ihrem erwachsenen Kind sollte aufgelöst, erlöst werden. Es geht auch nicht darum, was und wie viel man füreinander tut, sondern wie man sich in seinen eigenen Entscheidungen von der Mutter bzw. von Sohn oder Tochter beeinflussen lässt und inwieweit die Gedanken tagein, tagaus um die Eltern bzw. die erwachsenen Kinder kreisen und/oder ob man durch die anderen lebt bzw. zu leben versucht.

Die meisten negativen Kindheitserinnerungen kreisen um Menschen, von denen man einmal abhängig war und/oder die uns in irgendeiner Weise verletzt haben. Die dadurch entstandenen Gefühle wie Groll, Rache oder sogar Hass können uns ernsthaft krank machen. Also weg damit! Dafür eignet sich der Montag bestens, denn so, wie der Montag für viele der wöchentliche Waschtag ist, so könnte er auch der Tag sein, an dem man die »innere Wäsche« wäscht, das heißt sich reinwäscht von diesen alten negativen Gefühlen.

Wenn Sie sich bewusst machen, dass nur Menschen,
die selbst unglücklich, frustriert oder verletzt sind,
anderen Leid zufügen,
dann fällt Ihnen das Vergeben vielleicht etwas leichter.

Alle großen Religionsstifter halten zur Vergebung an, weil sie für das Seelenheil ganz wichtig ist. Um die Gerechtigkeit brauchen wir uns nicht zu kümmern, das regelt sich von selbst.

Eine weitere weibliche Stärke ist die Fähigkeit der Anpassung und des Erduldens. Auf lange Sicht kommt man oft weiter, wenn man sich in einer ausweglosen Situation anpasst und das Beste daraus macht, statt dagegen anzukämpfen. Was das Erdulden anbelangt, sollte man allerdings eine gewisse Grenze nicht überschreiten.

Auch Melancholie und Launenhaftigkeit werden vom Mond beeinflusst. Oft kann man unangenehme Stimmungen überbrücken oder sogar auflösen, wenn man sich diese ehrlich eingesteht (vielleicht sogar das soziale Umfeld einbezieht). Wenn man sich innerlich davon distanziert, dann lösen sich solche Stimmungen oft in Rauch auf.

Ich bin zwar miserabler Laune,
aber den Tag lasse ich mir dadurch nicht verderben!

Dem Mond unterstehen teilweise auch das Magische und die Furcht. Im Mondschein sieht alles anders aus als bei hellem Sonnenschein: Das Wasser glitzert silbrig, Bäume und Gebäude werfen lange und oft sogar bedrohliche Schatten. Es wird im Halbdunkel etwas vorgetäuscht, was gar nicht ist. Dasselbe kann in den dunklen, inneren

Bereichen des Menschen geschehen. Sie erzeugen einen Schatten, weil sie unbekannt sind, und Furcht – Furcht vor sich selbst oder auch vor den Mitmenschen, vor alltäglichen Situationen, Tieren usw. Am Montag kann sich diese Mondeigenschaft auch in der Angst vor der kommenden Woche zeigen.

Wie der Mond kein eigenes Licht besitzt, sondern nur das Sonnenlicht reflektiert, so besitzt auch der Montag oft wenig eigenen Glanz und eigene Kraft. Wenn man montags noch nicht »ganz auf Draht« ist, so entspricht das voll und ganz der tieferen Symbolik des Tages. Der Montag kann wirklich seine Launen haben, wie ich schon selbst bemerkte. So wacht man morgens beispielsweise frisch und munter auf, ist voller Tatendrang und dann kommt man mit seinen Montagspflichten doch nicht richtig vom Fleck. Wichtig ist auch immer zu beachten, ob gerade zu- oder abnehmender Mond, Vollmond oder Neumond ist (siehe Büchertipp Seite 186, Batthyany de la Lama).

Lassen Sie sich also den Montag nicht von einem launischen Mond verderben. Sie können dagegen angehen, indem Sie etwas leiser treten, in schönen Erinnerungen schwelgen oder in süßer Melancholie. Warten Sie auf den Dienstag – da sieht alles wieder anders aus.

Der positive Mondeinfluss:

Beziehungsmuster von Mutter/Kind bzw. Kind/Mutter, Geborgenheit, Anpassung, Empfänglichkeit auf jeder Ebene, Intuition, Magie, gutes Gedächtnis, Geduld, Sympathie, Annehmen und Abgeben, zyklische Wiederkehr, Medialität.

Der negative Mondeinfluss:

Unkontrollierte Aggressionen, Launenhaftigkeit, innere Unruhe, Zerstreutheit, Passivität, Überempfindlichkeit, Abhängigkeit, Stimmungsschwankungen, Deprimiertheit, übertriebene Sorgen, Anhaftungen an die Vergangenheit, Müdigkeit.

Nächtliches Stelldichein mit der Mondgöttin

Jeder Planet verkörpert eine archetypische Kraft, die auch im Menschen zur Wirkung kommt. Ist diese Kraft in Harmonie, zeigt sie sich als gute, positive Eigenschaft und Fähigkeit. So wie wir all dem Energie geben, womit sich unsere Gedanken und Gefühle beschäftigen, können wir auch davon ausgehen, dass wir mit der folgenden Visualisierung die guten Kräfte des Mondes, dessen Anlagen wir auch in uns haben, verstärken.

Die folgende Visualisierung mache ich besonders gern, weil sie mir Geborgenheit schenkt. So wie ich als Kind eine innige Beziehung zur Muttergottes hatte, so kann ich auch jetzt wie ein Kind bei der Mondgöttin Schutz, Trost und Beistand finden.

Sie setzen oder legen sich bequem hin und kommen mit 10 tiefen Atemzügen in Ihr Innerstes. Lesen Sie langsam und entspannt den folgenden Text und stellen Sie sich vor:

Sie gehen an einem weitläufigen Sandstrand spazieren. Der Sand unter Ihren nackten Füßen ist nass, aber warm und angenehm. Hell scheint der Mond am Himmel und lässt das Wasser silbrig glänzen. Sie gehen nach links auf eine gigantische Brücke zu, die aussieht wie eine Mondsichel und mit zwei riesigen Eckpfeilern aus Silber verziert ist. Sie führt über einen breiten Fluss, der ins Meer mündet. Sie gehen über die Brücke, und es sieht aus, als würden Sie in eine andere, in eine magische Welt eintauchen. Der Himmel, der Sand und das Meer scheinen nun in vielen Farbtönen von Silbrig über Lila bis Violett zu dunklem Grün und Blau. Sie richten den Blick auf den Mond und sehen, dass eine Gestalt aus der Scheibe tritt. Langsam schwebt sie auf Sie zu. Es ist eine Frau mit langem, schwarzem Haar. Sie trägt ein silbriges Kleid mit einem breiten, violetten Gürtel und darüber einen blauen Mantel. Sie kommt nun ganz nah, und Sie sehen, dass ihre Augen von tiefstem Blau sind. Instinktiv wissen Sie, dass Sie nun der

Mondgöttin, der Urmutter alter Kulturen, gegenüberstehen. Sie verkörpert alle positiven Aspekte des Mondes. Vergegenwärtigen Sie sich, was ein Kind von seiner Mutter erwartet.

Bitten Sie nun die Mondgöttin um ihre Liebe, ihre Hilfe, ihre Stärke, ihre Unterstützung und was immer Sie von ihr als liebender, wohlwollender, mächtiger Mutter brauchen. Die Mondgöttin nimmt Ihre Hände, drückt sie an ihre Brust, und Sie spüren, wie ihre Wärme und Energie auf Sie überfließen. Lassen Sie sich davon ganz erfüllen.

Sie bleiben noch eine Weile bei ihr in der Stille sitzen und warten – vielleicht hat die Mondgöttin Ihnen noch etwas zu sagen. Schließlich trennen Sie sich, und Sie sehen, wie die Gestalt langsam wieder zum Mond entschwebt und in die leuchtende Scheibe eintritt.

Meditationen für den Montag

Dem Mond wird das Element Wasser zugeordnet. Wasser ist das Symbol für den Gefühlsbereich und für das Unterbewusstsein. Negative Muster, die sich in der Vergangenheit in das Unterbewusstsein eingeprägt haben – schmerzende Erinnerungen, negative Glaubenssätze wie zum Beispiel »Das kannst du doch nicht!«, belastende Stimmungen und Denkgewohnheiten können uns das Leben schwer machen, indem sie unseren Willen schwächen und/oder Ängste erzeugen.

Die folgenden Meditationen wirken reinigend und können Sie von allem befreien, was das Leben unnötig schwer macht. Wählen Sie einfach eine davon aus.

Vergangenes begraben

Nehmen Sie Ihre Meditationshaltung ein oder legen Sie sich hin. Ihre Finger zeigen zum Boden (verbrauchte Energie abfließen lassen). Stellen Sie sich vor:

Sie sitzen bei Tagesanbruch an einem breiten Strom. Vor Ihnen fließen die großen Wassermassen, die in allen dunklen Farbvarianten leuchten. Die Sonne – eine feuerrote Kugel – steigt langsam auf und taucht den Himmel in lila und violettes Licht.

Während Sie ausatmen, übergeben Sie dem dunklen Fluss alles, was Sie aus der Vergangenheit belastet. Erinnerungen, die Sie schmerzen, fließen wie dunkle Säfte in den reißenden Strom. Menschen, die Sie in der Vergangenheit verletzt haben, setzen Sie in große, silberne Muscheln. Diese werden von den Wellen des Stroms über den Fluss zur aufgehenden Sonne gebracht. Das Licht der Sonne, das Göttliche, soll deren dunkle Seiten erhellen und sie glücklich machen. Lassen Sie los – lassen Sie los – lassen Sie los. Sprechen Sie dabei langsam und bewusst 7mal:

»Meine Schmerzen der Vergangenheit übergebe ich
dem Strom der Liebe, der Vergebung, der Reinheit.
Ich werde innerlich frei und tiefster Frieden kehrt in mich ein.«

Ab die Post – mit Ängsten und Sorgen

Sorgen machen wir uns dann, wenn wir von Ängsten geplagt werden, und von Ängsten werden wir geplagt, wenn wir etwas nicht im richtigen Licht sehen, das heißt, wenn wir keine Zuversicht mehr haben. Ich kenne das sehr gut, denn ich war früher sehr ängstlich. Ich hatte Angst vor meinen Vorgesetzten, vor Blamage, vor allen möglichen und unmöglichen Krankheiten, vor dem Alter usw. Stundenlang konnte ich Probleme wälzen, meinen Ängsten frönen und mich dabei in die grauenhaftesten Phantasien verstricken. Sorgen drücken nieder, verbittern und machen krank.

Meditationen wie die folgende verwandeln
Ihre Ängste in Zuversicht,
und diese Zuversicht verändert Ihr ganzes Leben.

Bei allem, was ich heute anpacke, habe ich das Gefühl, dass es gut wird. Menschen, denen ich begegne, meinen es gut mit mir und helfen mir; ich bin und bleibe gesund, bis auf gelegentliches Unwohlsein, das wohl zum Leben gehört. Auch das Älterwerden wird mir sicher viel Freude bringen und Spaß machen.

Nehmen Sie Ihre Meditationshaltung ein oder legen Sie sich hin. Ihre Hände sind wie offene Blumen nach oben gedreht. Stellen Sie sich vor:

In einer Vollmondnacht sind Sie auf einem Weg, der direkt in den Wald führt. Die hohen Bäume scheinen weißgrau und werfen gigantische Schatten. Sie dürfen sich ruhig ein wenig fürchten, trotzdem gehen Sie beherzt weiter. Sie kommen an eine Waldlichtung. Vor Ihnen liegt ein Teich, in dem sich der Vollmond spiegelt. Sie setzen sich auf eine Bank und versuchen, sich in dieser etwas unheimlichen Stimmung heimisch zu fühlen.

Denken Sie nun über Ihre Ängste und Sorgen nach. Haben Sie eine konkrete Angst, zum Beispiel vor einem Menschen, vor einer Auseinandersetzung, vor einer medizinischen Untersuchung oder vor einem neuen Lebensabschnitt, dann denken Sie darüber nach, wie es denn wäre, wenn Ihre Befürchtung eintreten würde. Was könnte Ihnen dann tatsächlich passieren? Nun dürfen Sie für eine kurze Weile nach Herzenslust schwarz malen.

Beenden Sie nun Ihre Überlegungen, und achten Sie stattdessen auf Ihren Atem. Während Sie ausatmen, denken Sie an eine Ihrer Ängste oder Sorgen, die wie eine dunkle Rauchfahne aus Ihrem Körper entweicht, vom Mondlicht nach oben gezogen und vom Mond schließlich verschluckt wird. Befreien Sie sich nun auf diese Weise von Ihren Sorgen bzw. Ängsten. Nicht nur einmal, sondern immer wieder, bis Sie die ganze Sache einfach leid sind. Vielleicht fühlen Sie sich nun sogar etwas ausgelaugt – das ist ganz gut.

Nun denken Sie sich Lösungen aus. In jedem Problem steckt schon die Lösung, und tief in jeder Angst oder Sorge verbirgt sich eine positive Kraft, die nur darauf wartet, erlöst zu werden. Lassen Sie sich beim Suchen von Lösungen viel Zeit. Wo und wie könnten Sie Hilfe bekommen? Hilfe von außen, aber auch Hilfe aus Ihrem Innersten und göttliche Hilfe. Lassen Sie nicht locker, bis sich eine befriedigende Lösung zeigt. Finden Sie mindestens sechs Lösungen und wählen Sie dann die beste aus.

Der Himmel wird nun etwas heller, die Morgendämmerung bricht an. Nun konzentrieren Sie sich auf die aufsteigende Sonne und auf Ihre Einatmung. Atmen Sie nun die Farben der Sonne ein:

Rot soll Ihnen Kraft, Mut und Elan schenken.
Orange bringt Fröhlichkeit und Leichtigkeit.
Gelb verleiht geistige Klarheit und Begeisterung.
Weiß ist die Farbe des Neubeginns, in dem viele Möglichkeiten
nur darauf warten, von Ihnen entdeckt zu werden.

Schauen Sie sich nun um: Sie stehen in einer wunderschönen, vom Morgenlicht verzauberten Umgebung. Mit einem Dankeschön für alles, was die Zukunft für Sie bereithält, beenden Sie die Meditation.

Machen Sie diese Meditation so oft, bis Sie die aufgezeigte Lösung voll und ganz befriedigt. Falls nötig, einige Tage nacheinander oder eben – jeden Montag!

Es lebe die Freiheit

Abhängigkeiten können überall entstehen und bringen früher oder später immer Leid und Schmerz. Wenn wir merken, dass unsere Gedanken zu viel um einen bestimmten Menschen kreisen, dann müssen wir aufpassen, denn es könnte eine Abhängigkeit bestehen. Aber nicht nur von Menschen, sondern auch von Orten, von der Arbeit, vom Erfolg und selbstverständlich von Genussmitteln kann man abhängig werden. Schlimm daran ist, dass man sich dessen sehr oft gar nicht bewusst ist (das Mondlicht verdeckt gern etwas).

Wenn Sie das Gefühl haben,
dass ein Mensch oder eine Sache die Macht hat,
Sie in den siebten Himmel zu heben,
Sie todunglücklich zu machen
oder sie den größten Teil Ihres Lebensinhalts ausmacht,
dann sind Sie innerlich nicht mehr frei, sondern abhängig.

Verstehen Sie mich recht: Wir sollen unsere Eltern, Partner oder Kinder lieben und für sie sorgen, aber wir dürfen keine übertriebene Abhängigkeit zulassen. Das schadet allen Beteiligten.

Die folgende Meditation, jeden Montag von neuem gemacht, kann langsam, aber sicher leidvolle Abhängigkeiten auflösen, viel Segen, innere Freiheit und Frieden bringen. Ich mache sie auch sehr gerne für Menschen, die in Not sind oder einfach als ganz persönliches Geschenk an jemanden, dem ich eine Freude machen möchte.

Sie können den »Ort der Kraft«, an den ich Sie in dieser Meditation führe, auch anders benennen, zum Beispiel Ort der Heilung, der Liebe, der Freude, der Gerechtigkeit oder der Wahrheit.

Nehmen Sie Ihre Meditationshaltung ein oder legen Sie sich hin. Stellen Sie sich vor:

Sie befinden sich in einer wunderschönen Landschaft. Vor Ihnen liegt ein See, in dessen Mitte steht auf einer kleinen Insel ein Tempel, eine Kirche oder ein Baum. Es ist ein Ort der göttlichen Kraft. Sie setzen sich an den See, und nun schwimmt ein kleines Schiff, das von der Mondgöttin gerudert wird, auf Sie zu.

Sie übergeben ihr nun vertrauensvoll Menschen, von denen Sie sich abhängig fühlen oder die Sie zu stark besetzen, und lassen diese in das Boot steigen. Die Mondgöttin rudert das Schiff samt Inhalt zum »Ort der Kraft«.

Sie bleiben allein zurück. Gedanklich und gefühlsmäßig lassen Sie die Menschen vertrauensvoll los. Vielleicht fällt es Ihnen anfangs schwer, versuchen Sie es trotzdem. Sie wissen, am Ort der Kraft bekommen die Menschen all das, was gut für sie ist, all das, was sie glücklich macht, all das, was sie brauchen, um Sinn und Zweck des Lebens zu erfüllen. Vielleicht fühlen Sie sich nun leer und einsam, so ganz allein am See. Lassen Sie diese Gefühle ruhig eine Weile zu. – Da kommt wieder die Mondgöttin mit ihrem Schiff vorbei. Sie steigen ein und werden auf die andere Seite des Sees gebracht. Auch das ist ein Ort der Kraft, hier wohnt die Mondgöttin selbst – und sie lädt Sie zu einer köstlichen Mahlzeit ein.

Nun fragen Sie die Mondgöttin, wie Sie die neue Situation – ein freies Leben ohne Abhängigkeiten – meistern und genießen können. Stellen Sie zu Ihrem Thema ganz verschiedene Fragen. Umkreisen und durchdringen Sie Ihr Thema mit Fragen.

Lernen Sie, Fragen zu stellen, denn von den Fragen hängt meistens auch die Antwort ab.

Bleiben Sie noch eine Weile achtsam in der Stille, und horchen Sie nach innen. Dann beenden Sie die Meditation, auch wenn vielleicht noch einige Fragen in Bezug auf Ihre Zukunft offen sind. Sie können sicher sein, sie werden zur richtigen Zeit zu Ihrer vollen Zufriedenheit beantwortet werden.

So sicher, wie auf Ebbe die Flut folgt,
so sicher entsteht im Leben nach
jeder Leere wieder neue Fülle.

Stress-Killer-Atmung

Den Stress einfach wegatmen – wie wäre das? Gerade am Montag haben wir doch oft das Gefühl – man sollte, sollte, sollte … nach der schriftlichen Wochenplanung sieht dann die Sache allerdings wieder halb so schlimm aus. Trotzdem – die folgende Atemübung wirkt zusätzlich wunderbar stressreduzierend.

Ganz einfach: Sie schließen mit dem rechten Zeigefinger das rechte Nasenloch und atmen 6mal durch das linke tief und langsam ein und aus. Sie verlängern dabei etwas das Ausatmen und am Ende jeder Ausatmung ziehen Sie noch kurz die Bauchdecke ein. Dabei denken Sie:

Stress ade! – Gelassenheit ahoi!

Mudra – nimm es gelassen!

Der folgende Mudra-Zyklus unterstützt das Loslassen verbrauchter Energie und aktiviert und erfrischt die Energie im Beckenbereich, welche innere Ruhe, Gelassenheit und Stabilität schenkt. Der Mond hat auch einen großen Einfluss auf Stimmungsschwankungen – mit dieser Mudra können sie auf ein gesundes Maß reduziert werden.

Setzen Sie sich gerade und entspannt hin. Legen Sie die Hände mit den Handflächen nach unten auf die Oberschenkel und konzentrieren Sie sich einige Minuten auf die Ausatmung. Befreien Sie sich von Ihrem seelischen »Müll« (negativen Erinnerungen, Vorstellungen ...), indem Sie sich vorstellen, wie er durch die Hände in die Erde abfließt.

Nun legen Sie beide Hände wie zwei Mondsicheln aneinander, nur die Handwurzeln und die Fingerspitzen berühren einander (bei den Daumen liegen die äußeren Fingerkanten an den Nägeln).

Sie reiben die Hände sanft aneinander, so dass an allen Kontaktstellen eine feine Massage entsteht. Nun nehmen Sie die Finger leicht auseinander und halten die Hände 2–5 Minuten lang in dieser Stellung, dabei konzentrieren Sie sich auf die Berührungsfläche der Handwurzeln. Ihr Atem ist tief, langsam, fein und fließend. Die Pausen nach der Ein- bzw. Ausatmung sind etwas verlängert.

Legen Sie nun die Spitzen von Daumen, Ringfinger und kleinem Finger jeder Hand aneinander. Sie konzentrieren sich dabei auf Ihre Bauchatmung. Bei den ersten 6 Atemzügen ziehen Sie beim Ausatmen die Bauchdecke etwas ein. Danach atmen Sie langsam, ohne jegliche Spannung und sprechen dabei:

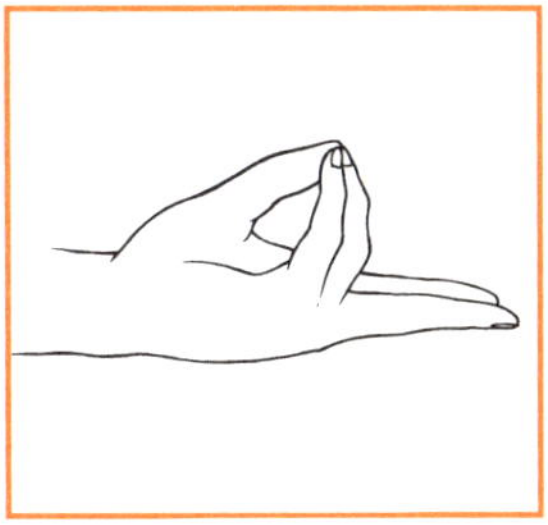

Montag

»Das kosmische Bewusstsein wirkt in mir,
wirkt für mich und wirkt durch mich –
und alles ist gut.«

Power im Fundament

Dem Mond werden der Magen, das Lymphsystem und die weiblichen Geschlechtsorgane zugeordnet. In den folgenden Übungen werden die Durchblutung, die Spannkraft und Entspannung im Beckenbereich gefördert. Das Festhalten an Vergangenem erzeugt Verspannungen im Beckenbodenbereich und schwächt die Organe, die dort ihren Platz haben.

Belebung des Beckenbodens (und gegen Blasenschwäche)

Sie sitzen aufrecht auf dem Boden, die Füße aufgestellt. Sie atmen ein, drücken die Knie mit den Händen zusammen und geben mit den Knien Gegendruck. Gleichzeitig wird der Schließmuskel der Blase zusammengezogen, als wollten Sie Urin zurückhalten. 12mal anspannen und loslassen.

»Großzügig lasse ich Vergangenes los und
übergebe es dem Strom der Zeit.«

Schmetterling

Füße mit beiden Händen umfassen, die Knie zur Seite fallen lassen und locker die Knie wippen.

»Voller Zuversicht erwarte ich die Geschenke des Lebens.«

Kerze

Sie beugen und strecken locker die Beine, als würden Sie Rad fahren (10mal). Danach beide Beine zusammen strecken und beugen (10mal).

»Ein bisschen träumen, ein bisschen lieben –
das gönne ich mir, das tut mir gut.«

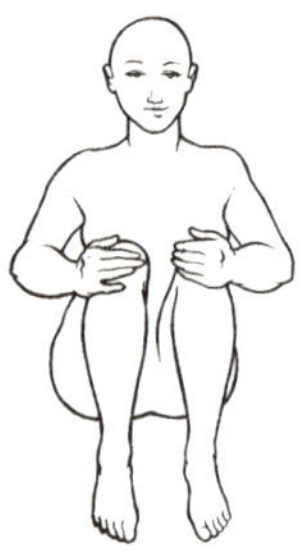

Belebung des Beckenbodens

Schmetterling

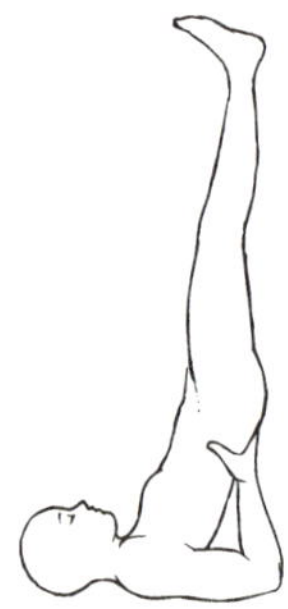

Kerze

Geborgen in Blau

Alle Farben vom hellsten Lila bis zum dunkelsten Violett, alle Blautöne und dunkles Blaugrün gehören zum Montag. Lila und Violett sind die Farben der inneren Wandlung, der Veränderung, der Magie. Dunkelblau ist die Farbe der Treue, aber auch des Schutzes und der Geborgenheit. Auf alten Ikonen trägt Maria, die das Kind in den Armen hält, einen blauen Mantel.

Wenn der Mond voll ist, wird er oft von einem hellblauen, silbrigen Schimmer umgeben. Diese Farbtöne stehen für Sehnsucht (Fernweh, Ausbruch aus dem warmen, geborgenen Nest), Illusion und Täuschung.

- Sicher finden Sie in dieser kleinen Auswahl eine Farbe, die Sie gerne tragen – als Kleid, Schal oder Krawatte.
- Oder Sie richten sich mit den Montagsfarben eine Kuschelecke ein, in deren Geborgenheit Sie sich zurückziehen können, um in schönen Erinnerungen zu schwelgen und neue Kraft zu tanken.

Melodien und Rhythmen zum Kuscheln

Am Montag könnten Sie sich mit Musik, an die sich schöne Kindheitserinnerungen knüpfen, verwöhnen. Auch jede Art von träumerischer Musik, besonders wenn die Harfe oder das Klavier darin eine dominante Rolle spielt, passt zum Montag.

Christine E. Jaccard sagt dazu: »Am Montag soll man ›rührseligen‹ Blues hören, der die tiefsten Seelenschichten und die dunklen Seiten der Emotionen berührt. Musik in Moll (zum Beispiel Lieder von Edith Piaf), die uns zum Weinen bringt, kann gut tun: etwas wegheulen, zum Fließen bringen, schmerzliche Erinnerungen und Sorgen ›den Bach hinunter‹ lassen! Es passen auch Texte über die Geborgenheit (zum Beispiel Nina Simone), Kuschelrock, Kinder- und Schlaflieder.«

Aus der Klassik eignen sich langsame Sätze aus Werken von Wolfgang Amadeus Mozart: Hornkonzert KV 447, Quintett für Klavier und Bläser KV 452, Quintett KV 617. Solche Sätze finden Sie aber auch in den Werken vieler anderer klassischer Komponisten.

Düfte, die der Seele schmeicheln

Muskatellersalbei, Lavendel und Fichte sind die Düfte des Montags. Muskatellersalbei beflügelt, »befreit« und lässt träumen (tut uns Frauen besonders gut); Lavendel greift zurück in die Vergangenheit, beruhigt und stimmt versöhnlich; Fichte gibt den nötigen Halt, sie tröstet und stärkt und ist bei Verlassenheits- und Einsamkeitsgefühlen wie Balsam für die Seele.

- Gönnen Sie sich am Montag eine ausgiebige Dusche und
- verwöhnen Sie sich danach mit einer liebevollen Massage. Sie geben je 2 Tropfen in einen Esslöffel Basisöl, vermischen es gut und massieren das Duftöl ausgiebig und behutsam ein. Purer Genuss ist garantiert!
- Geben Sie einige Tropfen Lavendel auf ein Papiertaschentuch und legen Sie es unter das Kopfkissen – für guten Schlaf und schöne Träume.

Silber, Mondstein & Co.

Mondstein, Karneol, Chrysokoll sind dem Mond zugeordnet. Der Mondstein unterstützt das Los-lassen und Fließen-lassen, der Karneol verleiht Standhaftigkeit und Balance bei Gefühlsschwankungen und der Chrysokoll schenkt Durchblick und Klarheit im Gefühlsdschungel.

Silber, das Metall des Mondes, leitet Hitze, Spannungen und Schmerzen ab, kühlt, beruhigt und wirkt desinfizierend.

- Montag ist Waschtag: Reinigen Sie Ihre Steine, indem Sie sie unter fließendes Wasser halten. So wie das Wasser nun auch über Ihre Hände fließt (in denen Ihr ganzes Wesen enthalten ist), soll es auch alles unnötig Anhaftende, Verbrauchte und Belastende in Ihnen abspülen.
- Tragen Sie Schmuck aus Silber.

Der Montag-Blues ist halb so schlimm!

- Gönnen Sie sich morgens einen Rotbuschtee mit etwas Zimt, Honig und Sahne, der wärmt von innen und schenkt Geborgenheit.
- Geben Sie den flauen, schweren Gefühlen erst einmal nach und gehen so früh wie möglich schlafen. Vielleicht haben Sie am Wochenende einfach nur zu viel unternommen.
- Gönnen Sie sich die Entspannungsübung des inneren Lächelns vom Sonntag oder die Chakra-Mudra vom Samstag.
- Sie dürfen heute auch ein bisschen jammern.
- Vielleicht plagt Sie Ungereimtes in Ihrer Beziehung, sei es zu Ihrer Mutter, Ihrem Partner, Ihrem Kind. Warum heute nicht in aller Ruhe die Angelegenheit auf den Tisch bringen.
- Nehmen Sie Verbindung auf mit Ihrem inneren Kind und fragen Sie es nach seinen Bedürfnissen.
- Gönnen Sie sich eine kleine Süßigkeit.

Meister Proper lässt grüßen

Der folgende Entschlackungstrunk ist nicht nur gesund, entwässert und entgiftet, sondern schmeckt auch ausgezeichnet und sättigt. Sie trinken davon in kleinen Schlucken den ganzen Vormittag über und lassen dafür das Frühstück aus.

So wird's gemacht: 3 EL ganze Mandeln im Mixer auf höchster Stufe zerkleinern, mit 200 ml Wasser auffüllen und so lange mixen, bis eine homogene Mandelmilch entstanden ist. Nun eine Banane in Stücken und 200 ml Grapefruitsaft dazu geben und nochmals kurz durchmixen. Süßen nach Belieben mit Rohzucker.

Reis für Gelassenheit und Geduld

Der Reis wird dem Mond zugeordnet, da der Mond einen besonders starken Einfluss auf das Keimen und Wachsen dieser Getreideart ausübt. Reis liebt Wasser! Wichtig ist zu wissen, dass die Qualität des Bodens und des Wassers die Qualität des Reises weitgehend bestimmt. Darum sollten Sie Reis, der nach den Richtlinien des biologisch kontrollierten Anbaus gezogen wurde, unbedingt bevorzugen.

Die enge Beziehung der Reispflanze zum Wasser wirkt sich auch bei der Ernährung aus: Das Gewebewasser, die Lymphe, kommt vermehrt zum Fließen und die Flüssigkeitsausscheidung wird angeregt. Dadurch werden viele Schlacken ausgeschieden. Somit gehen Flüssigkeitsstauungen in den Geweben zurück, Kreislaufstörungen, hoher Blutdruck und Nierenschwäche werden reduziert. Ein Reistag pro Woche ist immer ein Entschlackungstag. Auch auf die Darmflora wirkt sich die Schleimbildung, die der Reis im Darm verursacht, günstig aus. Sie wirkt reinigend und bei Magen- und Darmreizungen heilend. Mit Reisfasten kann man problemlos das Körpergewicht reduzieren und gleichzeitig eine Totalreinigung bewirken.

Auf der seelisch-geistigen Ebene wirkt Reis entspannend und schenkt Durchhaltekraft, Gelassenheit und Geduld.

Die folgenden Reisgerichte sind schnell und einfach zuzubereiten. Sie sind ein gutes Beispiel dafür, dass die Getreideküche nicht kompliziert und aufwändig sein muss.

Reis-Gemüse-Eintopf

1 Tasse Reis in 2 Tassen Gemüse- oder Fleischbrühe kochen.

Währenddessen in einer Bratpfanne 2 EL Olivenöl erhitzen, klein geschnittenes Gemüse darin dämpfen (ein Wurzel-, ein Blatt- und ein Fruchtgemüse oder ein rotes, ein grünes und ein weißes Gemüse).

Mit 1 dl Wein ablöschen und den Reis dazugeben. Alles gut durchmischen. Dazu können Sie geriebenen Käse reichen.

Wenn es einmal ganz schnell gehen soll, braten Sie das Gemüse nicht an, sondern geben es mit einem Stück Butter einfach ungefähr 15 Minuten vor Ende der Garzeit auf den Reis. Deckel wieder drauf und Sie haben ohne großen Aufwand einen wunderbaren Reis-Gemüse-Eintopf.

Reis-Dessert

Alle Zutaten begünstigen die Ausschüttung von Glückshormonen. Kinder lieben dieses Dessert besonders, vor allem, wenn sie auch bei der Zubereitung helfen dürfen. Das Reis-Dessert schmeckt am besten, solange es warm ist.

1 Tasse Wasser, 3 Tassen Milch und 3 Prisen Salz kurz aufkochen lassen und 2 Tassen Reis zugeben.

Abschmecken mit 2 EL Zucker, 1 EL Honig, 1 halbe Vanilleschote, geriebene Schale und Saft einer Zitrone und einem Stückchen Butter.

Sie können auch Rosinen oder klein geschnittenes Trockenobst kurz mitkochen oder mit »heißen Beeren« servieren.

Entschlacken ist immer gut …

Manchmal hat man auch übers Wochenende einfach zu viel und zu schwer gegessen und nun liegt es schwer im Magen oder man sorgt sich um seine Figur, was die Stimmung auch nicht gerade hebt. Ein Entschlackungstag ist die reinste Energiebombe, macht einem zusätzlich ein gutes Gewissen und ein frohes Gemüt. Dazu eignen sich Reis, Äpfel, Bananen, Mandeln und Grapefruit besonders.

- Wie Balsam für Magen (untersteht dem Mond) und Darm wirken morgens der Aloe-Drink oder warmes Honigwasser und abends vor dem Einschlafen einige Löffel Naturjoghurt. Wenn Sie ein wenig Kieselsäure (aus der Apotheke) darunter mischen, stärkt das zusätzlich Haare und Nägel und macht die Haut schön und rein.

Tipps für den Montag

- Trinken Sie am Montag besonders viel Wasser. Das Wasser können Sie magnetisieren, indem Sie vor dem ersten Schluck das Glas Wasser mit beiden Händen halten und 3mal langsam, voller Inbrunst einen Wunsch aussprechen.
- Arbeiten Sie möglichst viel mit Wasser – der Montag ist der ideale Waschtag.
- Alte Fotos einkleben und dabei in Erinnerungen schwelgen.
- Verbringen Sie heute einige Minuten mehr als üblich im Bett, und denken Sie an etwas Schönes.
- Machen Sie einen Spaziergang bei Mondschein.
- Führen Sie ein Traumtagebuch.
- Lesen Sie in einem Lebenshilfebuch.
- Sehen Sie sich einen Film mit psychologischem Inhalt an.
- Poesie und Gedichte passen auch zum Montag.
- Verbringen Sie heute etwas mehr Zeit mit Ihrem Kind.
- Hitliste der Freuden zusammenstellen – denken Sie darüber nach, was Ihnen zurzeit besonders viel Freude macht und finden Sie dafür einen Extraplatz in Ihrem Terminkalender.

Ein-Minuten-Ritual

Betrachten Sie den Nachthimmel, tauchen Sie einen Augenblick ein in die Unendlichkeit des Universums. Sprechen Sie dabei:

»Meiner Seele wachsen Flügel.
Ich hebe ab in die köstliche Freiheit des Seins.«

Begeisterung erhebt das Leben
über das Alltägliche
und verleiht ihm erst einen Sinn.
Norman Vincent Peale

Dienstag – Weg der Tatkraft

Schon die alten nordischen Völker haben diesen Tag ihrem temperamentvollen und unternehmungslustigen Kriegsgott Tyr bzw. Ziu geweiht. Im Alemannischen und auf Schweizerdeutsch heißt der Dienstag heute noch »Zischdig«. Die Griechen sahen in ihm ihren Kriegsgott Ares und die Römer Mars. Er war auch der Gott der Männerbünde, der Volksversammlungen. Heute noch werden viele landwirtschaftliche Markttage am Dienstag abgehalten. Der Dienstag war auch vielerorts der Gerichtstag – Mars ist der Gott der Gerechtigkeit, als solcher fühlt er sich für das Wohlergehen der Menschen verantwortlich.

Mars verkörpert die Antriebskraft des Menschen, eine Kraft, die sich nach außen ausdrücken will und zum Handeln oder Kämpfen anspornt. Es ist die männliche Kraft, die natürlich auch in jeder Frau vorhanden ist. Diese Kraft ist neutral – der Mensch selbst entscheidet, wofür er sie einsetzt. Mars drängt zur körperlichen Bewegung, liebt ein gesundes Maß an Stress, die Herausforderung, den Wettkampf – den Kampf als solchen. Die Marskraft ist die Kraft des Handelns.

Mars will sich einbringen; er will,
dass Talente und Begabungen zum Ausdruck gebracht werden,
dass der Mensch zeigt, was er kann und was er will.

Jeder verfügt über besondere Fähigkeiten. Möchten wir zufrieden und ausgefüllt sein, dann sollten sie haupt- oder nebenberuflich zum Einsatz kommen. Auch der Wille und die Begeisterung gehören zu dieser treibenden Kraft. Wichtig ist zu wissen, dass diese Kraft sich immer wieder zeigen will. Der Mensch muss ihr Raum verschaffen, ihr Aufgaben übertragen, sonst sucht sie sich selbst ihr Betätigungsfeld, und das kann so weit gehen, dass sie den Menschen beherrscht und ihn zu etwas treibt, was er eigentlich gar nicht will – oder ihn zerstört.

Die Marskraft kann zum Erreichen vieler Ziele eingesetzt werden: auf körperlicher Ebene, zum Beispiel im Beruf, im Sport oder im Yoga; auf geistiger Ebene spornt sie an, etwas Neues zu lernen, verhilft zu schnellen und klaren Entscheidungen und verschafft einen klaren Durchblick; auf seelischer Ebene schenkt sie Begeisterung, Mut, Abenteuerlust und Selbstvertrauen.

Der Dienstag kann Ihr produktivster Arbeitstag sein,
der Tag, an dem Sie an Ihre Grenzen gehen
und die Herausforderung sogar genießen.

Diese männliche Kraft ist nicht magisch anziehend wie etwa die Kraft des Mondes, sondern zwingend und mitreißend. So kann sie natürlich auch überborden, dominant und diktatorisch werden. Sie kann anderen ihren Willen aufzwingen. Da diese Kraft bei den Männern in der Regel stärker ausgeprägt ist, haben sie weniger Mühe, ihren Willen kundzutun und nach ihren Bedürfnissen zu leben. Die meisten Frauen hingegen stellen oft fest, dass sie sich zu sehr anpassen oder unterordnen. Dann sollten sie ihre Marskraft besonders nutzen.

Im negativen Sinn ist die Marskraft verantwortlich für Kritiksucht, Ärger, Aggressionen, Jähzorn und Zerstörungswut. Sie veranlasst uns auch zu Übertreibungen: Mut wird zu Übermut, Wagnis zu Tollkühnheit, Entschlossenheit zu Rücksichtslosigkeit und Aktivität zu rastloser Geschäftigkeit.

Mars als unseren inneren Kämpfer, als Kämpfer für Gerechtigkeit, können wir einsetzen, wenn wir die Umwelt mit ihren Anforderungen und Belastungen auf eine gesunde Distanz bringen wollen. Einem Bauern gleich müssen wir die Grenzen unserer »Weiden« immer wieder neu setzen, kontrollieren oder, wenn nötig, ausweiten.

Wir brauchen Raum, zeitlich und örtlich gesehen,
um uns mit all unseren
Fähigkeiten und Möglichkeiten entfalten zu können.

Schaffen wir das auf friedlichem Weg, dann ist Kämpfen nicht mehr nötig und allfällige Aggressionen werden wie von selbst verschwinden. Aggressionen (auch bei den lieben Mitmenschen) bauen sich nur dann auf, wenn man sich im Leben nicht nach seinem Sinn und Zweck richtet. Trotzdem müssen wir aber ein gesundes Maß an Engagement für das Gemeinwohl beisteuern, sonst werden wir zu egozentrischen Eigenbrötlern oder sogar Nutznießern. Als Gott der Männerbünde war Mars auch immer am sozialem Wohlergehen interessiert.

Weiter war der keltische Gott Tyr bzw. Ziu, wie auch Mars, sein Nachfolger, nicht nur ein Gott, der eine Gefolgschaft durch seine Kriegsstrategien beherrschte, sondern auch durch seine Sprachgewandtheit. Er konnte durch zündende Reden die Menschen für sich einnehmen. Er konnte die Menschen mit seinen Worten und der eigenen Begeisterung fesseln. Das ist interessant, weil besonders tatkräftige Menschen auch ein gewisses Charisma aufweisen, das die Mitmenschen in Bann schlägt.

Es gibt aber Tage, da können aufgewühlte Gefühle, die vielleicht schon seit längerer Zeit in uns brodeln, eher zum Ausbruch kommen. Aggressionen, falls sie aufsteigen, sollten nicht unterdrückt, sondern zuerst hinterfragt werden, da man nie ohne Grund aggressiv ist.

Da ist Nachdenken, Analysieren und das Treffen neuer Entscheidungen angesagt. Aggressionen können auch durch intensive Körperarbeit, Sport oder beim Gehen in großen Schritten abgebaut werden. Wir müssen uns einfach bewusst sein, dass sich der innere Kämpfer gegen uns selbst richten und in uns große Zerstörungen anrichten kann, wenn wir einen inneren Kampf nicht im Äußeren leben.

Intensiver Sport und feurige Diskussionen,
in denen es um Entscheidungen und Klarheit geht,
passen wunderbar zum Dienstag.
Machen Sie sich die feurige Tatkraft des Mars bewusst
und setzen Sie sie gezielt ein,
dann wird Ihr Leben auf allen Ebenen bereichert.

Der positive Marseinfluss:
Stärke, Elan, Mut, Initiative, Handlungs- und Entscheidungsfreudigkeit, Kampflust, Gerechtigkeit, Entschlossenheit, Durchsetzungsvermögen, handwerkliches Geschick, Leidenschaft und Zeugungskraft, Begeisterungsfähigkeit.

Der negative Marseinfluss:
Streitsucht, Arroganz, Dominanz, Ungeduld, Ichbezogenheit, Impulsivität, Aggression, Übertreibung, Jähzorn.

Hot Date mit Mars

Wer wünscht sich nicht hin und wieder mehr Kraft, mehr Lust, mehr Begeisterung, neue Ideen und den Mut, für sich selbst und andere einzustehen. Jeder wünscht sich auch mehr Zeit und Gelegenheit, das zu tun, was ihm liegt und was ihm Freude macht. Manchem fehlt einfach der Mut dazu. Solche Menschen werden dann unruhig, gereizt und unkonzentriert. Viele leiden auch an Erschöpfung und fühlen sich ausgebrannt (Burn-out-Syndrom).

Die folgende Visualisierung kann dem entgegenwirken. Mars verkörpert die Kraft als solche, körperlich wie auch seelisch-geistig. Einerseits ist es eine aggressive und vorwärts drängende, andererseits eine zielgerichtete und zentrierte Kraft; jede wird in der folgenden Seelenreise von einer bestimmten Person repräsentiert. Wählen Sie die Eigenschaften aus, die Sie besonders gut brauchen können. Lassen Sie sich dabei viel Zeit. Bedenken Sie: Viel Kraft und Mut sind das eine, Geduld und ein klarer, kühler Kopf das andere. Übertreiben Sie also nicht, wenn Sie auf einmal das Gefühl haben, Sie könnten Bäume ausreißen oder unangenehme Zeitgenossen einfach überrumpeln.

Sie setzen oder legen sich bequem hin und kommen mit 10 tiefen Atemzügen in Ihr Innerstes. Lesen Sie langsam und entspannt den folgenden Text und stellen Sie sich vor:

Sie befinden sich auf einem steinigen Weg, der durch eine Steppenlandschaft führt. Es ist ein heißer Sommertag. Trotzdem sieht die Umgebung recht düster aus, denn vor kurzem war hier ein Steppenbrand ausgebrochen. Überall steht noch abgebranntes Gehölz und die rote Erde ist teilweise schwarz und voller Kohlenreste. Sie gehen in die Hocke, schauen sich den Boden etwas genauer an und sehen, dass überall Keimlinge aus der Erde sprießen. Neues Leben erwacht. Pflanzen, die lange Jahre nicht keimen konnten, weil es zu schattig war unter den mächtigen Bäumen, nutzen jetzt die Gelegenheit, um ans Licht zu kommen. Sie gehen zügig auf Ihrem Weg weiter. Vor Ihnen liegt ein Tal, das von einer riesigen Mauer umgeben ist. Ihr Weg führt dorthin und direkt auf ein eisernes Tor zu. Sie öffnen das Tor, durchschreiten es und befinden sich somit im Königreich des Mars. Sie kommen in eine Stadt. Die Häuser sind aus rotem Backstein und von kleinen, liebevoll gepflegten Gärten umgeben. In jedem Haus befindet sich auch eine Werkstatt, und Ihnen fällt eine fröhliche Betriebsamkeit auf. Sie schauen den arbeitenden Menschen zu und fragen sich, welche Beschäftigung Sie selbst hier ausführen würden. Was würde Ihnen Spaß machen, welchen Beitrag würden Sie damit so ganz nebenbei an die Gemeinschaft leisten? Sie gehen weiter, denn Sie wollen Mars, den König dieser Stadt, besuchen. Sie gehen in seine Festung, die unübersehbar über der Stadt thront. Der Weg dahin führt an vielen Kriegern vorbei, die sich in der Fechtkunst üben. Jetzt kommen Sie an Ihr Ziel: einen imposanten Rittersaal, wo Sie dem König, einem würdigen älteren Herrn,

der auf einem eisernen Thron sitzt, gegenüberstehen. Er schaut Sie gütig, aber streng an und bittet Sie, Platz zu nehmen. Da gesellt sich ein junger, wunderschöner, kräftiger Mann dazu, und der König stellt ihn Ihnen als seinen Sohn vor. Sie fragen den König, warum sich die Männer draußen im Fechten üben. Der König antwortet:

»Ich habe ein wunderschönes Land, in dem ich die Gerechtigkeit vertrete und für Ordnung sorge, in dem die Menschen in Frieden leben und jeder seine Talente verwirklichen kann. Meine Leute und mein Land will ich vor möglichen Eindringlingen schützen. Bewahre auch du dein inneres Land vor äußeren Angriffen. Achte darauf, dass dein inneres Land etwas Besonderes wird. Dein Inneres gleicht einer Stadt, deine Kräfte und Talente sind ihre Einwohner. Eine Stadt ist interessant und lebendig, wenn viel und Verschiedenes passiert, wenn Menschen sich mit ihren Talenten einbringen können. In dir steckt viel mehr, als du denkst. Denk darüber nach – forsche danach. Übe deine Talente vorerst aus, ohne einen Gewinn daraus zu ziehen, ohne ein Dankeschön zu wollen – übe sie aus, einfach weil es dir Spaß macht. Mach damit deiner Familie und deinen Freunden einfach eine Freude. Vielleicht verdienst du später sogar deinen Lebensunterhalt damit, vorerst soll dich das aber nicht kümmern. Ich helfe dir dabei, indem ich dir von meiner Kraft übertrage.« Der König legt nun seine Hände auf Ihre Schultern und sagt: »Ich schenke dir die Kraft der ruhigen Entschlossenheit, der Fähigkeit zu entscheiden und zu überzeugen.«

Warm strömt die Energie aus seinen Händen in Ihre Schultern und von dort in Ihre Arme und Hände. Sie strömt in Ihr Herz und verbreitet sich von dort aus im ganzen Körper. Nun kommt der Sohn auf Sie zu, nimmt Ihre Hände und sagt:

»Ich schenke dir die Kraft der Begeisterung, Spontaneität, Tatendrang, reine Lust und eine Prise Pioniergeist. Wir werden dich schützen auf deinen Wegen – mach, was dir Spaß macht, und werde für deine Mitmenschen wie ein sprühender Funke, der überspringt und allen ein Leben voller Freude bringt – Freude an dem, was man tut – an dem, was man hat und was man ist.«

Sie verabschieden sich und begeben sich in den Park der Stadt, um unter einer großen Eiche über die Begegnung mit dem König und seinem Sohn nachzudenken.

Meditationen für den Dienstag

Dem Mars wird das Element Feuer zugeordnet. Die östliche Heilkunde spricht auch vom »inneren Feuer«, das im Bereich des Magens liegt. Auch die Körpertemperatur und das Temperament hängen von diesem inneren Feuer ab. Darauf weist auch die Sprache hin, wenn wir bei einem Menschen von einem »feurigen« oder »hitzigen« Temperament sprechen: er/sie ist heißblütig oder kalt, ein Hitzkopf, sie ist entflammt usw. Darum spielt das Feuer in den folgenden Meditationen eine wichtige Rolle.

Fühlen Sie sich angeschlagen, antriebslos, müde, deprimiert, überlastet, verunsichert oder mutlos, können Ihnen die folgenden Meditationen wieder zu neuer Kraft, Mut, gesundem Selbstbewusstsein, Lust und Elan verhelfen.

Aufbruch zu neuen Taten

Je verschlackter der Körper ist, um so schwerer fühlen wir uns körperlich. Aber auch auf der seelisch-geistigen Ebene können wir mit alten Schlacken belastet sein (Groll, Schuldgefühle oder negative Glaubenssätze, die uns früher eingeredet wurden und für uns heute noch ihre Gültigkeit haben wie »Das kannst du nicht« oder »Du bist zu dumm dafür« usw.). All diese hemmenden, veralteten Glaubenssätze, die zu Ausreden werden können, sollten Sie loswerden. Nur dann können Sie zu neuen Taten aufbrechen. Nur dann haben Sie den Mut, Ihren Fähigkeiten gemäß zu leben, das zu tun, wozu Sie Lust haben.

So stelle ich mir beispielsweise solche Gefühle oder Behauptungen als braune Kugeln vor und schaue genüsslich zu, wie mein Feuer sie langsam verzehrt.

Nehmen Sie Ihre Meditationshaltung ein oder legen Sie sich hin. Ihre Hände liegen locker auf der unteren Hälfte des Bauches. Stellen Sie sich vor:

In Ihrem Beckenboden brennt ein loderndes Feuer. Visualisieren Sie nun alles Hemmende und Veraltete als braune Kugel. Bei jedem Atemzug sehen Sie, wie eine Kugel wie Zunder vom Feuer vertilgt wird. Von besonders Hartnäckigem machen Sie 3, 7 oder bis zu 21 Kugeln, die Sie mit der entsprechenden Anzahl Atemzüge ins Feuer werfen. Ihr Feuer soll vorerst alles verzehren, was in Ihnen an Verbrauchtem ist. Lassen Sie sich dazu viel Zeit. Einatmend lassen Sie nun die Flammen hoch und höher steigen; ausatmend lassen Sie sich von der Kraft und Wärme des Feuers neu erfüllen. Sprechen Sie nun die folgende Bejahung 3–21mal:

»Mein Feuer erhitzt und stärkt jede Zelle meines Körpers,
wärmt mein Herz und erhellt meinen Geist.«

Erfassen und erleben Sie die Kraft des Feuers mit jeder Faser. Bleiben Sie 5–20 Minuten sitzen, und recken und strecken Sie sich zum Schluss kräftig.

Bis hier … und nicht weiter

Mars, der innere Krieger, sorgt auch dafür, dass Ihre Grenzen gewahrt werden, dass niemand in Ihr Territorium einbricht und über Sie bestimmt, übertriebene Forderungen stellt oder Sie einengt. Bestimmt möchten auch Sie, dass es Ihren Lieben gut geht, *aber nicht auf Ihre Kosten*. Jeder kann nur so viel geben, wie er hat; und jeder muss hin und wieder selbst auftanken. Viel innere Kraft schöpfen wir unter anderem aus Beschäftigungen, die Spaß machen. Dafür brauchen wir Zeit, Raum und vor allem Muße. Seit ich gelernt habe, »Nein« zu sagen oder »Darüber muss ich zuerst nachdenken« bin ich zufriedener mit mir selbst und bin anderen gegenüber viel umgänglicher geworden.

Wenn man auf einmal nicht mehr ganz nach den Wünschen und Vorstellungen anderer funktioniert, kann das zunächst ein Chaos verursachen (da soll der Kriegsgott Mars eben zeigen, was er kann), aber danach ist es für alle nur von Vorteil.

Nehmen Sie Ihre Meditationshaltung ein oder legen Sie sich hin. Ihre Hände liegen zu lockeren Fäusten geballt auf den Oberschenkeln. Stellen Sie sich vor:

Sie sitzen vor einer Höhle, die in eine schützende Felswand gehauen ist. Es ist Ihre Behausung, die Sie gemütlich eingerichtet haben und in der Sie sich geborgen und geschützt fühlen. Rechts und links von Ihnen ist Brennholz aufgestapelt und vor Ihnen brennt ein Feuer. Sie nehmen nun ein Scheit Holz und legen es in das Feuer, dabei sagen Sie 7–21mal:

»Ich habe die Kraft und den Mut,
meine Grenzen nach den eigenen Bedürfnissen zu setzen.
Meine Grenzen werden akzeptiert und respektiert.«

Sie schauen, wie das Feuer mit jedem Holzscheit und jedem Satz etwas größer wird. Langsam, aber stetig entwickelt es sich zu einem mächtigen Feuer. Auf der anderen Seite des Feuers sind nun Menschen, denen Sie sich verpflichtet fühlen (Familienmitglieder, Freunde, Arbeitgeber zum Beispiel). Dem lodernden Feuer wird nichts und niemand zu nahe treten, denn es bildet einen natürlichen Abstand – die Umgebung wird erhellt und labt sich an der wohltuenden Wärme und Geborgenheit Ihres Feuers. Denken Sie noch ein wenig über diese Weisheit nach, und beenden Sie dann Ihre Meditation.

Ich kann viel mehr ...

Wie oft meinen wir genau zu wissen, was wir alles nicht können. Aber welche Talente in uns schlummern, davon haben wir keine Ahnung. Wir nörgeln sogar an dem herum, was wir können oder gerne tun. Nichts machen wir uns richtig. Wenn man uns lobt, dann können wir das schwer akzeptieren und uns kaum darüber freuen. Ich kann mich noch gut daran erinnern, wie ich als Kind einmal erstaunt feststellte, wie in einer andern Familie Eltern ihre Kinder lobten – und ich fand das merkwürdig. In unserer Familie hieß es: »Lob bringt Hochmut.« Das war fast so schlimm wie der Spruch über die Faulheit, »die auf direktem Weg ins Verderben führt«. Es dauerte lange, bis ich selbst meine Talente und Fähigkeiten anerkennen konnte. Als es so weit war, wurde in meinem Leben alles besser. Heute ist mein Hobby mein Beruf, von dessen Einnahmen ich mir ein bequemes Leben leisten kann; und ich entdecke immer noch mehr Fähigkeiten und Talente, von denen ich früher nicht einmal zu träumen wagte.

Mit der folgenden Meditation können auch Sie Ihre Fähigkeiten entdecken. Vorerst machen Sie eine Bestandsaufnahme. Auf Ihrem Inventar können Sie dann aufbauen. Mars ist nicht nur ein Gott der Fruchtbarkeit – er ist auch ein Gott der Kreativität und Schaffenskraft. Darum soll er Ihnen nun helfen, Talente zu entdecken, und Ihnen den Mut geben, diese erfolgreich auszuüben. Sinnvolles und freudvolles Tun heißt für jeden Menschen etwas anderes, beim einen ist es die Gartenarbeit, das Organisieren von Festen, Kochen und Backen; bei andern sind es Pflege-, Beratungs- oder Lehrtätigkeiten, Umgang mit Kindern, Tieren oder Pflanzen und natürlich die vielen Hobbys und kreativen Tätigkeiten. Ich liebe den Kontakt mit Menschen, die *etwas* mit Begeisterung tun.

Das Universum hat uns alle
mit verschiedenen Talenten ausgerüstet,
damit aus unserer Gesellschaft ein farbiges Mosaik,
ein ganz spezielles Bild entsteht.

Nehmen Sie Ihre Meditationshaltung ein oder legen Sie sich hin. Ihre Hände liegen da wie offene Blumen. Stellen Sie sich vor:

Sie sitzen auf dem Gipfel eines hohen Berges. Der Tag ist noch jung, denn die Sonne ist gerade aufgegangen. Sie sitzen weit über der Baumgrenze und beobachten, wie die vielen Gipfel rund um Sie in allen roten Farbtönen erglühen. Während Sie an eines Ihrer Talente denken, wird gleichzeitig auf einem der Gipfel wie von Geisterhand ein Feuer entfacht. Anerkennen Sie nun Ihr Talent, und danken Sie dem kosmischen Bewusstsein dafür. Denken Sie noch eine Weile darüber nach, wie Sie es vermehrt einsetzen wollen und zur Meisterschaft entwickeln können.

Denken Sie nun an eine weitere Fähigkeit, die Sie besitzen. Auf einem anderen Gipfel entflammt ein neues Feuer. Sie loben und danken wieder und denken noch eine Weile darüber nach. Machen Sie nach Belieben so weiter. Nun sinnen Sie darüber nach, warum Sie diese Gaben haben und ob es nicht doch der heilige Wille der Höheren Mächte ist, den wir bei der Ausübung unserer geschenkten Talente erfüllen. All Ihre Gipfelfeuer betrachten Sie als eine Opfergabe an das Höchste. Jede Tätigkeit soll in Zukunft ein Lob und ein Dank an das Höchste sein.

Bitten Sie nun diese Höhere Macht,
die Ihnen diese Talente geschenkt hat, um Beistand,
damit Sie sie immer weiterentwickeln können.

Sie bleiben nun noch einige Minuten sitzen oder liegen und horchen nach innen. Vielleicht hören oder fühlen Sie etwas Neues in Bezug auf den Sinn und Zweck Ihrer Begabungen – und Ihrer Lebensaufgabe …

Wenn Sie zufrieden und glücklich sind in Ihrem Beruf und mit Ihren Hobbys, beenden Sie nun Ihre Meditation. Wenn Sie nach neuen Fähigkeiten und Tätigkeiten Ausschau halten, dann machen Sie wie folgt weiter:

Sie sitzen immer noch auf dem Gipfel und schauen über die Berge, die Zeugen der Höheren Macht. Bitten Sie diese nun voller Inbrunst, indem Sie einen der Berge mit Ihrem Blick fixieren, um neue Erkenntnisse und um innere Klarheit mit den Worten:

> »Das Göttliche zeigt mir, was ich kann und
> wie ich meinen Lebenssinn erfüllen kann.«

Dabei entzündet sich auf dessen Gipfel ein rotes Licht. Bleiben Sie einige Sekunden in der Stille. Sie visieren einen weiteren Berg an und sprechen wieder die Worte: »Das Göttliche …« Lassen Sie vor sich ein rotes Lichtermeer entstehen. Bleiben Sie danach noch einige Minuten in der Stille, und spüren Sie nach innen.

Vielleicht erhalten Sie sofort neue Ideen, wenn nicht, achten Sie genau darauf, was tagsüber auf Sie zukommt. Vielleicht kommt etwas auf Sie zu, das auf ein in Ihnen brachliegendes Talent, hinweist. Dann müssen Sie nur noch dementsprechend handeln. Seien Sie sich jedoch bewusst, dass ein Talent nur durch viel Übung voll entwickelt werden kann. Freude am Tun ist das eine, eiserne Disziplin, viel Arbeit und Geduld das andere. Aber es lohnt sich!

Vital-Atem

Mit dieser Atemübung werden Sie innerhalb weniger Sekunden wieder fit und unternehmungslustig sein. Sie können dabei stehen, sitzen oder sogar im Bett liegen (ohne Kopfkissen).

- Sie atmen ein:
- heben die Arme, Handinnenflächen nach unten gedreht, seitlich hoch,
- drehen die Hände und verschränken die Finger über dem Kopf,
- strecken die Hände kräftig zur Decke,
- lassen die Hände los und ballen Fäuste mit gestreckten Daumen.
- Sie atmen aus:
- Senken die Arme auf Schulterhöhe,

- führen die Arme nach hinten und
- pressen dabei die Schulterblätter zusammen.
- Danach die Fäuste öffnen und die Arme locker sinken lassen.
- 6mal wiederholen.

Mudra – neue Energie tanken

Mit diesem Mudra-Zyklus verbessern Sie Ihre Atemkapazität und Ihr Atemvolumen und bauen so erneut Energie auf der körperlichen wie auch seelisch-geistigen Ebene auf. Es ist doch logisch: Je stärker Sie sich fühlen, umso besser sind Sie gerüstet für die Herausforderungen des Lebens – sie werden Ihnen leichter fallen.

Sie nehmen den Meditationssitz ein, setzen sich auf einen Stuhl oder stellen sich geerdet hin.

Sie bilden mit jeder Hand eine Faust, legen die Daumenkuppen beider Hände aneinander und halten sie vor den Bauch. Sie atmen ein und heben dabei die Fäuste einige Zentimeter vor dem Körper auf Magen-, Brustbein-, Hals- und Stirnhöhe. Dann halten Sie den Atem einige Sekunden an. Während Sie ausatmen, führen Sie die Hände wieder zum Bauch. 3–7mal wiederholen.

Nun halten Sie die Fäuste vor das Brustbein und atmen aus. Während Sie wieder einatmen, strecken Sie die Arme nach vorn, öffnen die Fäuste und halten einige Sekunden den Atem an. Während Sie ausatmen, ballen Sie die Hände wieder zu Fäusten und führen sie erneut zur Brust. Statt nach vorn können Sie nun die Hände zur Seite, nach oben, nach unten – nach allen Seiten strecken und kommen immer wieder zur Brust zurück. Damit aktivieren Sie die Atmung in verschiedenen Bereichen der Lunge. 12mal wiederholen.

Halten Sie danach die Hände vor die Brust. Ihre Finger bilden nun die Mudra des unerschütterlichen Vertrauens (siehe Abb. nächste Seite). Sie erklären damit die kosmische Kraft, dessen Kind auch der

Mars ist, zu Ihrem Partner in allen persönlichen und geschäftlichen Belangen. Sagen Sie dabei 3mal langsam und inbrünstig:

»Ich bin in persönlichen wie in beruflichen
Angelegenheiten in liebender Partnerschaft mit der
Macht und Kraft des Universums.
Die Universelle Kraft und Macht, ihre Weisheit und ihr Wohlwollen
stehen mir jederzeit und überall zur Verfügung.«

Fäuste bilden

Fäuste vor dem Brustbein

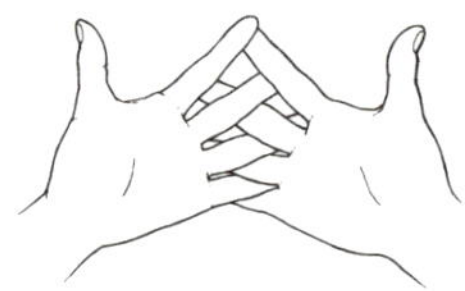

Mudra des Vertrauens

Bleiben Sie nun noch eine Weile in der Stille sitzen, und lassen Sie beide Hände locker verschränkt im Schoß liegen. Es ist die symbolische Haltung, in der man sich für den Willen der kosmischen Kraft bereit hält. Dabei sind Sie sich bewusst, dass es der Wille der kosmischen Kraft ist, dass es Ihnen gut geht. Sie ist bereit, Ihnen jederzeit mit Rat und Tat beizustehen, damit Sie Sinn und Zweck Ihrer Lebensaufgabe voller Freude erfüllen können.

Sie geben Ihr Bestes – und Sie erhalten sogar noch einen Bonus.

Ich zeig's mir!

Dem Mars werden die Muskeln, das Blut, die männlichen Geschlechtsorgane und die Körpertemperatur zugeordnet. Die folgenden Übungen stärken die Muskulatur des Rückens, der Vorderseite, der Beine und Arme. Ein guter Schuss Marsenergie hat auch eine reinigende Wirkung, weil sie Hitze erzeugt und damit das gesamte Immunsystem aktiviert.

Holz hacken

- Einatmen; Sie werfen die Arme mit Schwung nach oben (kein Hohlkreuz).
- Ausatmen; Sie beugen sich wieder mit Schwung nach vorn und atmen durch den Mund mit einem kräftigen »HA« aus.
- 6–12mal wiederholen.

»Alles Schwere, Hemmende und Belastende werfe ich ab.«

Der Held

Weite Grätsche, Oberkörper zur rechten Seite drehen, das rechte Knie beugen, die rechte Hand auf das Kreuzbein legen, den linken Arm nach oben dehnen, das linke Bein durchstrecken und den *oberen* Rücken etwas zurückbeugen. 10 Atemzüge die Stellung halten, sich danach vorbeugen und den Oberkörper 10 Sekunden lang entspannt auf den rechten Oberschenkel ablegen. Danach die andere Seite üben.

»Ich stehe jederzeit und überall für mich selbst ein.«

Holzhacken

Der Held

Der Tisch

- Einatmen; das Gesäß heben
- Ausatmen; das Gesäß wieder auf den Boden stellen
- 6mal.

»Ich spüre und genieße die Kraft, die in mir steckt.«

Die Brücke

Die Stellung so lange wie möglich halten, den Rücken sorgfältig auf den Boden ablegen und danach die gebeugten Knie zur Brust ziehen und locker umarmen. Etwa 15 Atemzüge in dieser Stellung ruhen.

»Jeder Atemzug schenkt mir Macht und Kraft,
um Durchbruch und Brücke für das Gute zu sein.«

Zange vertikal

Auf dem Rücken liegend: Die Füße sind aufgestellt und die Hände liegen auf den Rippen. Ausatmen; Kopf und Oberkörper anheben, Beine nach oben strecken und mit den Händen über die Außenseiten der Beine zu den Füßen streichen. Einige Sekunden so bleiben. Ausatmen und dabei Kopf, Oberkörper, Beine und Arme wieder senken. 6mal wiederholen.

»Ich bin mir meiner Stärke im Körper,
im Geist und in der Seele bewusst.«

Bleiben Sie danach noch einige Minuten in der Rückenlage.

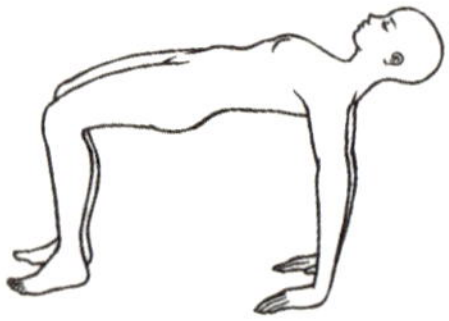

Tisch

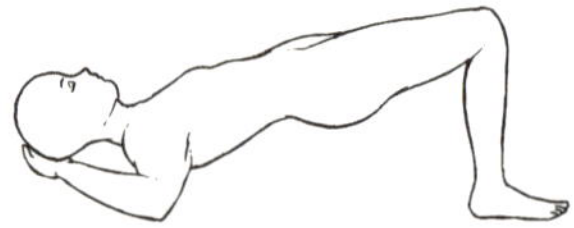

Brücke

Zange

»Ich habe Kraft in den Beinen, um weiterzukommen.
Ich habe Kraft in den Armen, um zu handeln.
Ich habe Kraft im Geist, um klare Entscheidungen zu treffen.
Ich habe Kraft im Herzen,
um beherzt den Sinn und Zweck meines Lebens zu erfüllen.«

Rot hat Rasse

Alle Rottöne, besonders die knalligen und helleren, werden dem Mars zugeordnet. Rot ist die Farbe des Feuers und steht für Motivation, Stimulation, Aktivität und Willen. Sie wird mit Wärme und Erregung, mit Initiative und der Bereitschaft zu Handeln assoziiert und verkörpert den Pioniergeist, der uns beflügelt. Rot steht allgemein für physische Stärke, Beharrlichkeit, Antriebskraft, Freundlichkeit und Großzügigkeit. Rot ist eine Farbe mit extrovertiertem Charakter. Sie belebt den Organismus, regt die Adrenalinausschüttung an, unterstützt den Blutkreislauf und die Bildung von Hämoglobin, das zur Produktion roter Blutkörperchen benötigt wird. Rot kann auch den Blutdruck erhöhen und im Körper Hitze erzeugen. Auf der psychischen Ebene wirkt sich Rot positiv auf Trägheit, Melancholie, Traurigkeit, Depression und Lethargie aus. Kurzum: Rot weckt sämtliche Lebensgeister.

Diese Farbe ist also besonders hilfreich bei Erschöpfungszuständen, sollte aber bei Ruhelosigkeit und Aggressionen gemieden werden. Rot kann bei den ersten Anzeichen von Erkältungen wie ein Gegenmittel eingesetzt werden.

- Rote Unterwäsche, ein roter Schal, rote Handschuhe oder Socken geben dem Körper zusätzliche Wärme und Energie.
- Vielleicht brauchen Sie dienstags aber eher eine Farbe, die Sie abkühlt, beruhigt und entspannt, dann setzen Sie die Komplementärfarbe Türkis ein.

Let's swing

Viele Richtungen des Jazz, Marschmusik und Rock gehören zum Dienstag. Besonders wenn die Trompete den Ton angibt, ob dies nun bei moderner oder bei klassischer Musik ist, drückt sich die Marsenergie aus. Ein wahres Feuerwerk ist auch Bolero von Maurice Ravel oder die Sonate für das Hammerklavier Nr. 29 von Ludwig van Beethoven. Auch das Schlagzeug, das die Rock- und Technomusik mit einem kräftigen, oft sogar wilden Rhythmus untermalt, passt zum Dienstag. Ethno- und afrikanische Trommelmusik – besonders beliebt in Männergruppen – entspricht dem Mars. Trommeln und stampfen tut auch uns Europäern gut. Wann haben Sie das letzte Mal richtig wild gestampft und getanzt, so dass die Fetzen flogen? Damit können Sie im richtigen Maß Anspannungen und Aggressionen abbauen – wird das Zeitmaß, das sehr individuell ist, überschritten, kann diese Musik allerdings auch das Gegenteil bewirken.

In Duftwolken gehüllt

Grapefruit, Zitronengras und Weißtanne sind Düfte, die zum Mars passen. Grapefruit reißt aus der Gleichgültigkeit und gibt Antrieb; Zitronengras ermuntert und erfrischt bei Stress oder Überarbeitung; Weißtanne erdet, damit man auf dem Boden bleibt.

- Sie formen mit nassen Händen aus einem Papiertaschentuch einen lockeren Knäuel (durch die Nässe wird er in Form bleiben) und legen ihn in eine aparte Schale. Träufeln Sie je 4 Tropfen der oben angegebenen Düfte auf den Knäuel. Die Schale stellen Sie an Ihrem Arbeitsplatz auf und bald wird es zu einer lieben Gewohnheit werden, zwischendurch daran zu riechen – denn es duftet doch so fein und macht frisch!

Marsianische Steine

Achat, Hämatit, Rubin und Granat werden dem Mars zugeordnet. Der Granat schenkt Widerstandskraft, Ausdauer und hilft in schweren Zeiten. Der Rubin fördert alle »marsianischen« Eigenschaften: Lebensfreude, Leidenschaft, Tapferkeit und Mut. Er steigert die Leistungsfähigkeit und unterstützt die Eigeninitiative. Granat und Rubin sind wunderschöne Schmucksteine. Der Achat ist ein Schutzstein und der Hämatit spendet Kraft, Vitalität und erzeugt allgemein Hitze.

- Ein Achat kann im Auto platziert oder als Halskette getragen werden.
- Ein kleiner Hämatit-Trommelstein in der Tasche während des Sport-Trainings oder am Arbeitsplatz, den man hin und wieder in der Hand hält, spornt an.

Eisen gehört zum Mars und ist als Heilmetall noch nicht erforscht. Interessanterweise wird der Eisenkiesel, der ein eisenhaltiger Quarz ist, auf blockierte Meridiane gelegt, um diese zu aktivieren.

Einfach gut drauf sein …

- Ganz schnell bringt Sie ein kalter Guss ins Gesicht auf Touren.
- Oder: Duschen Sie morgens die Beine von den Füßen zu den Knien und die Arme von den Händen zu den Ellenbogen hin kalt ab.
- Sport bringt's! Sport kann richtig high machen, denn die Produktion der Glückshormone läuft auf Hochtouren. Am effektivsten ist Sport in der freien Natur. Treiben Sie eine Sportart, die Ihnen voll zusagt, und passen Sie sie Ihren persönlichen Fähigkeiten und Möglichkeiten an.
- Wie wär's mit Kissenboxen unter dem Motto: Stress raus – Frust raus. Danach legen Sie sich für einige Minuten hin, verschränken die Hände unter dem Hinterkopf und atmen mehrmals tief ein, um neue Energie zu tanken.

- Soforthilfe gegen Durchhänger: Klopfen Sie mit den flachen Händen zuerst Ihr Brustbein und von da über Ihre Körperseiten nach unten und wieder hoch (3–6mal).
- Oder: Hände locker zu Fäusten ballen und damit den unteren Rücken (Kreuzbeinbereich) und Hüfte sanft abtrommeln.
- »Sich-durchbeißen-müssen« im Sport oder bei der Arbeit? Nein danke! Das braucht viel zu viel Energie! Stattdessen lockern Sie das Kiefergelenk, indem Sie den Unterkiefer hängen lassen und sanft hin- und herschieben. Danach die Hände an den Nacken pressen und nach vorn über die Halsseiten und Schlüsselbeine ausstreichen. 8mal wiederholen. Nach diesem Energie-Kick nehmen Sie die Sache wieder ganz locker – und kommen auch so ans Ziel.

Energiedrink

Die folgende Zusammensetzung ist auch ein ideales Sportgetränk, das überallhin mitgenommen werden kann. Vitamin C im Orangensaft und Beta-Karotin in den Karotten bringen den Kreislauf in Schwung, heizen an und geben Energie.

Sie mischen sich einen Drink aus 150 ml Orangensaft, 150 ml Karottensaft, 1 TL Sanddornsaft und einige Tropfen kaltgepresstes Öl.

Gerste für Ringkämpfer

Die Gerste, das älteste Getreide der Menschheit, ist das Getreide des Dienstags. Besonders beliebt war diese Kraftnahrung bei den Ringkämpfern im alten Rom, den Hordeari (hordeum: Gerste). Sie verlieh ihnen nicht nur Kraft, sondern auch Schnelligkeit im Denken und Handeln. Tatsächlich bietet die als Cholesterinsenker bekannte Gerste von allen Getreidesorten am meisten Vitamine und Mineralien, vor allem aber die wertvolle Kieselsäure.

Diese wirkt vorbeugend gegen Haltungsschäden und Bandscheibenverschleiß, tut aber ganz besonders den Haaren, der Haut, den Sinnesorganen und dem Bindegewebe gut.

Pflanzen, die wie die Gerste beim Kochen Schleim bilden, geben ihr ganzes Wesen in diesen Schleim hinein. So nehmen Sie mit der Mahlzeit die Kraft und Stärke der Gerste auf und wirken seelischen Verstimmungen entgegen, die Sinne werden wacher und die Konzentration verbessert sich. Grundsätzlich stellt dieses altbewährte Hausmittel ein Gleichgewicht zwischen Körper und Seele her, wodurch wir harmonischer leben können. Von besonders stärkender Wirkung ist der Gerstengrassaft, der heute von vielen Pop-Divas und Schauspielern als Power-Drink geschätzt wird.

Das folgende Rezept ist eine Spezialität aus den Schweizer Bergen. Die Bewohner dieser Regionen gelten als »hart im Nehmen« – wie man so sagt. Aber nicht nur in den Bergen, auch bei den Führungskräften in städtischen Unternehmen sind diese Menschen sehr beliebt: Sie sind schnell und tüchtig, Überstunden packen sie leicht, und in den Abendkursen sind sie die Eifrigsten.

Bündner Gerstensuppe

Am Abend vor dem Verzehr 1 Tasse Gerste waschen und mit 4 Tassen Wasser und 1 Tasse Trockenbohnen einweichen. Am nächsten Tag 45 Minuten leicht köcheln.

1 ganze Zwiebel, 2 Knoblauchzehen und klein geschnittenes Gemüse (Karotte, Sellerie, Kohl) beigeben. Mit Salz und Gemüse- oder Fleischbrühe würzen. 30 Minuten weiterköcheln lassen. Etwas Butter und Rahm dazugeben und servieren.

Wer Fleisch mag, kann noch ein Stück Geräuchertes mitkochen. (Meine Freundin teilt diese Suppe in kleine Portionen und friert sie ein. Älteren Menschen in der Nachbarschaft bringt sie statt Kuchen diese Suppe mit, die wegen ihres Nährwerts sehr geschätzt wird.)

Powerfood für schnell zwischendurch

Originell, köstlich, topgesund sind selbst gemachte Müsliriegel:

100 g Nüsse (zum Beispiel Mandeln, Haselnüsse, Pistazien) Sesamsamen mit 100 g Trockenfrüchten (zum Beispiel Aprikosen, Datteln, Pflaumen, Bananen, Feigen) im Mixer zerkleinern.

2 EL Rohzucker und 2 EL Ahornsirup, 80 g Pflanzenmargarine und 100 g Sahne in einem Topf kurz aufkochen. Nüsse und Trockenfrüchten beigeben. Bei geringer Hitze etwa 4 Minuten unter stetem Rühren köcheln. Ein Backblech mit Backpapier und Oblaten (auch in Bäckereien erhältlich) auslegen, die Masse fingerdick auf das Blech ausstreichen und mit weiteren Oblaten bedecken. Die Masse einige Stunden auskühlen lassen und dann in beliebig große Häppchen schneiden.

Sehr schnell zwischendurch erfrischt auch Grüntee mit Zitronensaft und Honig.

Tipps für den Dienstag

- Dienstag ist der Power-Tag, der Sporttag, der günstigste Tag für sportliches Kraft-Training und Wettkämpfe.
- Oder: Wie wär's mit einem Selbstverteidigungskurs oder einer Kampfsportart?
- Wenn's mit dem Sport nicht klappt, dann reicht auch ein Spaziergang mit kräftigem Schritt (Walking).
- Geht's auch mit Walking nicht, dann bringt auch die progressive Muskelrelaxation (tönt auch gut) viel. Ganz einfach: Sie spannen all Ihre Muskeln gleichzeitig an, halten die Spannung einige Sekunden und lassen dann wieder los. Mehrmals wiederholen und danach einige Sekunden ruhen und genießen.
- Der Dienstag hat sich als »Herrenabend« bewährt.
- Er eignet sich auch für Gemeinschaftsprojekte. Am Donnerstag wird geplant, am Dienstag ausgeführt.

- Ideal auch für Beschäftigungen, bei denen etwas gebaut wird oder der Einsatz von Muskelkraft verlangt wird.
- Müssen Überstunden eingeplant werden oder andere zusätzliche Arbeiten, ist der Dienstag der geeignete Tag.

Ein-Minuten-Ritual

Dienstags zünden Sie eine rote Kerze an, schauen in die Flamme und äußern dabei einen Wunsch in Bezug auf Erfolg im Beruf oder Sport.

Mittwoch

Phantasie ist
einen Regenbogen über den Alltag malen.
Ruth Mayer

Mittwoch – Weg der geistigen Klarheit

Die Germanen weihten den Mittwoch Odin oder Wotan, ihrem höchsten Gott. Leider ließ sein Charakter zu wünschen übrig. Er war ebenso launisch wie mächtig, ebenso verräterisch wie großzügig; er wurde geachtet und verehrt, aber auch gefürchtet, denn auf ihn war kein Verlass. Sein Wesen war bestimmt durch Wanderschaft, Unruhe, Wandel, zerstörerische und schöpferische Grenzüberschreitung. Ihm unterstanden die Kriegsstrategie, die Zauber- und Dichtkunst, der Handel und die Reisenden.

Auch bei Merkur, der Odin später ablöste, finden wir diese Charakterzüge. Ihm wird der Verstand zugeordnet: strukturierendes Nachdenken, erkennendes Unterscheiden, vergleichendes Beobachten, Sammeln und Ordnen von Eindrücken und Erfassen des Wesentlichen. Als innerer Ökonom findet er schnell heraus, wie mit kleinstem Aufwand der größte Effekt erzielt wird. Ihm wird auch die Sprache zugeordnet. Er gibt den Dingen die Namen, erkennt und benennt.

Merkur symbolisiert eine wunderbare Kraft –
die Kraft des Denkens.

In der griechischen Mythologie entspricht Merkur Hermes, der als junger Athlet mit geflügelten Sandalen dargestellt wird. Er war der

Überbringer von Botschaften, welche die Götter untereinander austauschten. Hermes bzw. Merkur verkörpert die Fähigkeit der Kommunikation. Er ermöglicht die Beziehungen unter den Menschen, die Beziehung zwischen Mensch und Umwelt und die des Menschen zu sich selbst, wie zum Beispiel die Kommunikation zwischen Gefühl und Verstand, zwischen inneren Kräften und schließlich zu den kosmischen Kräften. Die Qualität all dieser Beziehungen und Verbindungen bestimmt weitgehend, wie erfüllt und glücklich wir sind. Kennen Sie einen Menschen, der nur seine Sonnenseite liebt, der seine Familie und Freunde ausnutzt, der nur das glaubt, was er sieht, und bei all dem glücklich ist?

Es ist auch kein Zufall, dass Merkur bzw. Hermes als Jüngling dargestellt wird. Viele Charakterzüge der Jugendlichen, die sich mit den Jahren wandeln, finden wir auch in diesem Archetyp: ein gewisses Maß an Sorglosigkeit, Gleichgültigkeit, Ruhelosigkeit, Oberflächlichkeit, Ichbezogenheit und die Lust auf Schabernack. Oft sieht Merkur auch nicht die Konsequenzen, die sich aus seinem Handeln ergeben. In ausgeprägter Form finden wir dieses typische negative Merkurgehabe bei Naturwissenschaftlern (zum Beispiel in der Gentechnologie) und bei Experten der Wirtschaft und Politik – Berufssparten, die überwiegend vom Verstand regiert werden.

Merkur zeichnet sich auch durch seine Ruhelosigkeit aus. Er ist rastlos, jagt Neuem nach oder verzettelt sich. Er kann allerdings auch zur Ruhe gebracht oder sogar erzogen werden. Dann kehrt er seine besten Seiten heraus, glänzt mit seiner klaren Logik, seinem scharfen Verstand und seinem Ordnungssinn. Die Inspiration – also wenn Merkur mit den kosmischen Kräften kommuniziert – ist uns im Alltäglichen wie auch im Besonderen von allergrößtem Nutzen.

Solche Geistesblitze gehören zum Kostbarsten;
sie sind die Melodie und Farbe in unserem Leben.

Über bestimmte Dinge nachzudenken kann zu höchsten Erkenntnissen führen, aber auch in negatives Grübeln ausarten und tiefste

Depressionen auslösen. Endloses Wälzen und Zerlegen von Problemen, ohne nach einer Lösung zu suchen, lässt den Menschen nur noch tiefer in Verstrickungen und Hoffnungslosigkeit fallen. Er gräbt und gräbt – ein Loch, das ihn gefangen hält und über dessen Rand er nicht mehr sehen kann. Auch die Kritiksucht, der heute leider viele verfallen sind, hemmt den inneren Wachstumsprozess und das eigene Wohlbefinden, weil man damit sich selbst und andere blockiert (man traut sich nicht mehr, Entscheidungen zu treffen, nach Lösungen zu suchen oder Neues zu wagen). Teilwahrheiten, Intrigen, verbunden mit Klatsch und Tratsch, verursachen viel Leid. Voreilige negative Bewertungen (»Das ist ein Blödmann!«) untergraben die Würde eines Menschen.

All diese negativen Auswirkungen haben ihren Ursprung in »falschem«, einseitigem Denken. Nur die linke Gehirnhälfte ist im Spiel. Dieses Denken ist analytisch, gefühllos und dadurch auch oberflächlich, kalt und berechnend, wenn das Herz nicht einbezogen wird.

Nur wer mit dem Herzen denkt, ist glücklich.

Denkstrukturen sind Gewohnheiten, die wir jedoch wie jede andere Gewohnheit verändern können. Die Meditationen des Mittwochs helfen Ihnen dabei. Darum kann ich sie Ihnen nicht genug ans Herz legen.

Machen Sie sich bewusst,
dass Ihre Gesundheit, Ihre Stimmungen, Ihr Glück –
Ihr ganzes Leben! – von Ihrem Denken abhängen.

Die Merkurenergie will sich auf jeden Fall in unserem Leben zum Ausdruck bringen, deshalb sollten wir sie auch sinnvoll einsetzen. Da nicht jeder in einem Beruf arbeiten kann, in dem analytisches bzw. logisches Denken erforderlich ist, können Sie diese Fähigkeit aber auch in Ihrer Freizeit fördern. Besorgen Sie sich Bücher oder Zeitschriften, die Sie zu neuen Erkenntnissen führen, sorgen Sie für geistige Auseinandersetzung, diskutieren Sie mit Ihren Freunden bewusst über ein bestimmtes Thema. Auch das Lösen kniffliger Kreuzworträtsel, Schachspielen oder das Erlernen einer Fremdsprache bringen den inneren Merkur auf Trab.

Da Merkur zum Sternzeichen Zwillinge gehört, zeichnet er sich durch Doppeldeutigkeit aus. So kann der Mittwoch der beste Tag sein, um zwischenmenschliche Beziehungen zu pflegen, Freunde zu treffen usw. Er kann aber auch der am wenigsten geeignete Tag dafür sein, da man am Mittwoch leicht das Falsche sagt, ins Fettnäpfchen tritt, falsch reagiert oder ins Tratschen kommt.

Was bedeutet das nun für die Gestaltung des Mittwochs? Wie der Name sagt, befinden wir uns in der Mitte der Woche. Wir können dabei auf dem Gipfel stehen oder im tiefsten Tal sitzen, wir können himmelhoch jauchzen oder zu Tode betrübt sein. Nutzen wir doch die restlichen Tage, falls nötig, um wieder in der Mitte anzukommen, wo der Weg am angenehmsten ist.

Am Mittwoch bin ich oft ausgesprochen schlapp, meine Gedanken drehen sich im Kreis, oder ich bin nervös, ruhelos und pingelig. So vermeide ich mittwochs wichtige Besprechungen, setze mich nicht unnötig Kritik aus und kritisiere auch andere nicht. Gerne lege ich eine Patience, was mich beruhigt und zentriert, oder lese ein Buch, das mich zum Mit- und Nachdenken anregt. Um meine Mitte wiederzufinden, hilft nur eines: eine Meditation, daheim in meinem Zimmer oder auf einem Spaziergang durch den nahe liegenden Wald. Auch Sie werden von Woche zu Woche immer besser herausfinden, was am Mittwoch für Sie am besten ist.

Lassen Sie sich vom Mittwoch
bzw. von Ihren Gedanken nicht verrückt machen.
Sie bestimmen, was Sie denken!

Der positive Merkureinfluss:

Verstand, Kommunikation, Sprache, Ordnungssinn, Ökonomie, Inspiration, Unterscheidungsvermögen, Analyse, Intelligenz, Organisation, Flexibilität.

Der negative Merkureinfluss:
Ruhelosigkeit, Oberflächlichkeit, »Im-Kreis-Denken«, Kritiksucht, Pingeligkeit, Zerstreutheit, Unentschlossenheit, Bauernschläue, Betrug, Verantwortungslosigkeit und übertriebene Neugierde.

Abenteuer-Trip mit dem smarten Merkur

Merkur ist ein ewig Reisender und dabei schnell wie der Wind (wie unsere Gedanken). Bei den alten Völkern war er auch der Beschützer und geistige Begleiter der Reisenden. Welchen Sinn und Zweck haben Reisen? Es geht darum, von Bekanntem oder Belastendem Abstand zu nehmen, Besuche zu machen, um Beziehungen zu pflegen oder neue Erfahrungen zu machen. Wie weit eine Reise geht, ist nicht so wichtig, sondern wie groß die innere Bereitschaft ist, uns von Vertrautem zu lösen und neue Welten zu entdecken. Wie wirkungsvoll die folgende Visualisierung ist, hängt also allein von Ihnen ab.

Sie setzen oder legen sich bequem hin und kommen mit 10 tiefen Atemzügen in Ihr Innerstes. Lesen Sie langsam und entspannt den folgenden Text und stellen Sie sich vor:

Sie stehen vor Ihrem Haus auf der Straße. In schnellem Tempo kommt eine Kutsche auf Sie zu, gezogen von vier geflügelten Pferden und gelenkt von einem jungen, verwegen aussehenden Wagenlenker. Sie springen auf den Wagen, er fährt sofort weiter, hebt schon bald vom Boden ab und fliegt mit Ihnen über Ihr Haus, Ihren Wohnort, Ihr Land, und weiter, weiter, weiter. So wie die Häuser kleiner und kleiner werden, werden auch all Ihre Verpflichtungen und Belastungen kleiner und kleiner. Alles ist gar nicht mehr so wichtig, Ihnen wird herrlich leicht ums Herz, Sie wollen nur noch diese innere Leichtigkeit und Freiheit kosten und genießen. Ihr Fahrzeug gleitet langsam durch Nebelschwaden, bald unter oder über den Wolken – weit in den Himmel hinein. Merkur, Ihr Begleiter, spricht:

»Schau all diese verschiedenartigen Wolken, sie stellen deine Gedanken dar. Die weißen, rosaroten, lilafarbenen, sie sehen aus wie unschuldige Lämmchen und gaukeln dir eine rosarote Welt vor; die dunklen Wolken sind deine trüben Grübeleien und deine nutzlosen Sorgen; die mit Blitz und Donner geladenen sind deine Aggressionen. Wenn aber die Luft ruhig, rein und klar ist, dann siehst du die Sonne, ein Symbol der höchsten universellen Kraft, die immer für dich scheint, die dein Leben überhaupt erst ermöglicht, dir den Weg zeigt, dein Herz wärmt, deinen Geist erhellt und dich in Licht und Leichtigkeit hüllt. Also vermeide möglichst die Bildung von Wolken, und wenn es nicht anders geht, versuch darüber zu stehen. Werde wieder ruhig, und bemühe dich wieder um Klarheit. Hin und wieder kann ein Gewitter aber auch reinigend wirken – nicht nur in der Natur, auch in dir; und wie jede Art von Wolken zum Himmel gehört, so gehören auch die hellen wie die dunkeln Gedanken zum Menschen. Ewiger Sonnenschein wäre ja auch langweilig, und Regen ist manchmal auch notwendig. Das richtige Maß ist hier, wie in allen Dingen, entscheidend.

Schau nun auf die Erde und sieh, wie die Menschen leben. Die einen hetzen sich ab und sind gestresst, die andern langweilen sich und schlagen die kostbare Zeit tot. Viele leben ohne Ziel, ohne Plan, ohne Ordnung. – Nun siehst du dich selbst. Wie sieht dein Leben aus der Distanz aus? Möchtest du so weiterleben oder etwas verändern? Ich bin die Kraft der Gedanken! Ich bin die Kraft in dir, die all das bewirken kann, was ein harmonisches, erfülltes und glückliches Leben ausmacht! Reich mir deine Hände! Sei offen! Ich schenke dir die Energie für einen klaren Verstand, Inspiration, Flexibilität, Ordnungssinn, Unterscheidungsvermögen, die Fähigkeit, zu verhandeln und zu organisieren.«

Nehmen Sie sein Geschenk an, lassen Sie sich von seiner Energie erfüllen, Lassen Sie seine Worte noch eine Weile auf sich wirken. Wie können Sie Ihre Kreativität oder Ihr Organisationstalent besser zum Ausdruck bringen? Wie bringen Sie eine neue Ordnung in Ihr Leben? Merkur bringt Sie zurück auf die Erde. Vor Ihrem Haus verabschieden Sie sich mit einem großen Dankeschön von ihm.

Meditationen für den Mittwoch

Dem Mittwoch werden das Element Luft und das Denken zugeordnet. Schnell und nicht greifbar wie der Wind sind auch unsere Gedanken. Trotzdem bestimmen sie über unsere Gesundheit, unsere Stimmungen, unser Schicksal, unser Leben.

Jede Meditation beeinflusst unsere Denkstrukturen. Wir können während der Meditation unsere Gedanken beobachten, analysieren, ruhig stellen und dadurch unsere Denkgewohnheiten willentlich verändern, das heißt neue positive Denkstrukturen schaffen.

Jede Meditation hat auch das Ziel, die Gehirnhälften zu synchronisieren. Sind beide aktiv, dann denken und fühlen wir – wir denken ganzheitlich, sind kreativ und nehmen viel mehr wahr. Denken wir ganzheitlich, dann hebt das unsere Stimmung. Wir sind ruhig, ausgeglichen, zufrieden und sehen klar. Wir können unsere Gedanken und damit auch unsere Probleme ordnen, können uns klar entscheiden und neue Lösungen suchen. Wir sehen auch unsere Umgebung mit anderen Augen, das heißt, wir betrachten nicht nur die Oberfläche, sondern blicken auch in die Tiefe einer Sache bzw. eines Menschen.

In Sekundenschnelle geistig fit

Die folgende Meditation schenkt Ihnen Frische und Klarheit, die Fähigkeit der Konzentration und innere Ruhe.

Sie können sie auch am Arbeitsplatz machen, zum Beispiel im Büro, wenn es mit der Konzentration nicht mehr klappt. Die Wirkung können Sie verstärken, wenn Sie vorher ein Glas Wasser trinken und das Fenster öffnen.

Sie sitzen stabil, entspannt und aufrecht. Legen Sie die Hände aufeinander und drücken Sie die Daumen an das Brustbein.

Einatmend spannen Sie den PC-Muskel an, das heißt, Sie spannen die Muskulatur rund um den Damm an, indem Sie den After- und Blasenschließmuskel gleichzeitig anspannen, so als wollten Sie Stuhl und Urin zurückhalten. Danach ziehen Sie die Bauchdecke ein und das Kinn an. Sie halten die Spannung ungefähr 7 Sekunden an und lassen während der Ausatmung jede Spannung langsam wieder los. Circa 12mal. – Danach beobachten Sie den Atem und machen sich dabei die 4 Phasen bewusst: Einatmung – Pause – Ausatmung – Pause. Sie bleiben dabei ganz gelassen und lenken Ihre Gedanken, wenn nötig, immer wieder auf den Atem.

Beenden Sie die Sitzung, indem Sie sich herzhaft recken und strecken.

Nahrung für Geist und Seele

Es hängt weitgehend von unserer Wahrnehmung ab, wie wir denken und umgekehrt: Das Denken prägt unsere Wahrnehmung. So erzählte mir zum Beispiel letzthin eine Freundin, dass sie viel mehr Schwangere sieht, seit sie selbst schwanger ist.

> Alles, was wir durch unsere Sinne wahrnehmen und aufnehmen, ist Nahrung für Geist und Seele.

Deshalb sollten Sie stets darauf achten, was und wie Sie etwas aufnehmen, denn alles, was Sie sehen, hören, spüren, riechen, fühlen, kann Sie aufbauen oder niederdrücken. Obwohl ich mich schon seit Jahren daran halte, muss ich immer wieder achtsam sein, damit ich meine positive Sicht beibehalten kann. Die folgende Meditation hilft mir dabei.

Diese Meditation können Sie auch in der freien Natur machen, bei einem Spaziergang zum Beispiel oder einer Wanderung – dann natürlich mit offenen Augen. Merkur war auch der Gott der Reisenden, der Wanderer.

Rasches, gleichmäßiges Gehen regeneriert und aktiviert das Gehirn auf wunderbare Weise.

Deswegen hat man oft während oder nach intensivem Gehen – 15 Minuten genügen – die besten Ideen. Manchmal hat man aber nicht die Möglichkeit oder Lust rauszugehen, dann hat die Meditation im stillen Kämmerlein die gleiche Wirkung. Sie ist schlichtweg phantastisch: Alle Körperfunktionen werden aktiviert, Ihre Stimmung wird angehoben und neue Ideen, Lösungen und Zuversicht stellen sich ein.

Nehmen Sie Ihre Meditationshaltung ein oder legen Sie sich hin. Ihre Hände sind zu offenen Blüten geformt. Stellen Sie sich vor:

Sie stehen in einem Mischwald und sehen sich um. (Im Frühling lassen Sie das frische Gelbgrün auf sich wirken, im Sommer die verschiedenen Grünnuancen, im Herbst das warme Rot, Orange oder Gelb der Blätter und im Winter die gigantischen Silhouetten der nackten Bäume.) Nehmen Sie die Farben und Formen wahr, trinken Sie sie. Gerade hatte es noch geregnet und jetzt scheint die Sonne. Die Farbkleider der Bäume leuchten, die Stämme und Äste der Bäume glänzen im Licht der Sonne; sie sind wie verzaubert. Sie gehen nun auf Ihrem Weg weiter und nehmen die einzelnen Bäume und Sträucher bewusst wahr. Vor besonders mächtigen und imposanten Bäumen bleiben Sie stehen.

Von den Eichen lassen Sie sich Kraft und Ausdauer schenken,
von den Buchen körperliche und geistige Frische,
von den Nadelbäumen innere Ruhe und Gelassenheit,
vom Ahorn Kreativität und Inspiration,
von den Birken Licht und Fröhlichkeit.

Achten Sie auch auf die braune Erde, auf die Steine des Weges und das Blau des Himmels.

Die braune Erde schenkt Ihnen Geborgenheit und die Weite des Himmels innere Freiheit.

Riechen Sie die Erde und die Pflanzen. Hören Sie das Gezwitscher der Vögel, das Rauschen der Blätter und das Rascheln im Gehölz. Öffnen Sie einfach alle Sinne. Die Natur gibt Ihnen Kraft – Sie tanken auf. Jede Zelle – jedes Atom erstrahlt in neuem Licht. Bringen Sie Ihren Energiekörper zum Leuchten, zum Strahlen. Mit einem großen Dankeschön an Mutter Erde, die diese Schätze hervorbringt und für Sie bereitstellt, beenden Sie die Meditation.

Denken Sie sich glücklich!

Mit der folgenden Meditation kommen Sie negativen Gedanken aller Art auf die Schliche und können sie systematisch ausmerzen. Merkur, der Ihnen geistige Frische und Klarheit schenkt, kann leider auch das Gegenteil bewirken, wenn seine Energie ins Negative abfällt: Er kann lügen und betrügen oder uns etwas vormachen. Trösten wir uns – die meisten Menschen unterliegen irgendwann in irgendeiner Sache ihren Lügen über sich selbst. Aber wir können etwas dagegen tun! Wenn Sie eine gewisse Zeit Ihre Gedanken beobachten, das heißt sie bewusst wahrnehmen und anschauen, dann merken Sie, wie und was Sie tagein, tagaus denken. Bei solchen Betrachtungen habe ich vor Jahren mein »blaues Wunder« erlebt. Ich war mir zuvor gar nicht bewusst, wie negativ und zerstörerisch ich dachte. Seither hat sich einiges gebessert. Aber ich weiß, dass ich – solange ich lebe – immer wieder von neuem diese Betrachtungen der Gedanken üben muss, weil sich ständig neue negative Denkgewohnheiten entwickeln können. Der Mittwoch ist für diese Meditation besonders geeignet.

In der folgenden Meditation gehen Sie noch einen Schritt weiter: Sie polen um! Ihre negativen Gedanken, das heißt Gedanken, die Ihnen nichts nützen oder sogar schaden, ersetzen Sie durch positive, indem Sie langsam in Ihrem Atemrhythmus eine entsprechende Affirmation denken oder sprechen.

Nehmen Sie Ihre Meditationshaltung oder legen Sie sich hin. Legen Sie bei jeder Hand Daumen und Zeigefinger aufeinander.

Sie beobachten nun bewusst Ihren Atem. Lenkt Sie ein Gedanke davon ab, dann schauen Sie ihn kurz an und entlassen ihn wieder, indem Sie sich erneut dem Atem zuwenden. Lassen Sie also die Gedanken kommen, aber lassen Sie diese auch sofort wieder weiterziehen.

Wenn Sie das ein paar Minuten geübt haben, lassen Sie die aufkommenden Gedanken nicht sofort wieder los, sondern Sie schauen diese einen Augenblick genau an und entscheiden, ob der Gedanke positiv, nützlich oder sogar negativ war. Negative Gedanken polen Sie nun systematisch um, das heißt, Sie sagen oder denken danach eine entsprechende, positive Affirmation oder eine allgemeine wie zum Beispiel:

»Ich bewältige diese Aufgabe mit voller Lust und Begeisterung.«

Wechselatem für innere Harmonie

Die Wechselatmung wirkt ausgleichend auf allen Ebenen. Sie schenkt innere Harmonie, indem sie einerseits die Gehirnhälften synchronisiert, den Atemrhythmus, das Hormon- und Nervensystem in ihr natürliches Gleichgewicht bringt und andererseits auf der seelisch-geistigen Ebene Gleichmut und Gelassenheit schenkt. Setzen Sie sich gerade hin, das Kinn etwas angezogen, damit der Nacken leicht gedehnt ist.

- Rechtes Nasenloch schließen und links einatmen.
- Nun links schließen und rechts ausatmen.
- Im Wechsel 6–12mal wiederholen.
- Danach 3–6mal bewusst und langsam durch beide Nasenlöcher ein- und ausatmen.

Sie können die Wirkung verstärken, wenn Sie die Pausen nach dem Ein- bzw. Ausatmen etwas verlängern. Wiegen Sie sich dabei im Atemrhythmus leicht von Seite zu Seite – das ist reinster Balsam für das Nervensystem.

»Harmonie und Ausgeglichenheit
geben mir Kraft in Körper, Geist und Seele.«

Mudra – für geistige Frische

Der folgende Mudra-Zyklus setzt sich aus überlieferten Mudras zusammen, die schon seit Urzeiten zur Förderung der Spiritualität eingesetzt werden. Er beruhigt aber auch die Gedankenflut, synchronisiert die Gehirnhälften, verbessert die Konzentration, aktiviert die Kreativität, bringt innere Klarheit und ist ein Symbol für die Verbindung des individuellen Bewusstseins zum kosmischen Bewusstsein. Sie können damit auch kurz eine ermüdende geistige Tätigkeit unterbrechen, um wieder wach zu werden und sich zu erfrischen.

Sie nehmen den Meditationssitz ein, setzen sich auf einen Stuhl oder stellen sich geerdet hin.

Reiben Sie 49mal die Hände aneinander, indem die Finger der einen Hand abwechselnd die Finger der anderen Hand umfassen.

Nun legen Sie bei jeder Hand Daumen- und Zeigefingerspitze aneinander und legen sie in dieser Stellung auf die Oberschenkel mit der Handinnenfläche nach unten. Sie vertiefen den Atem und machen so 6–12 Atemzüge.

Während der Ausatmung stellen Sie sich vor,
wie durch die drei gestreckten Finger
verbrauchte Energie abfließt.

Sie nehmen nun die Hände in dieser Mudra-Stellung vor die Brust und stellen sich vor, zwischen Daumen und Zeigefinger eine Farbkreide zu halten. Nun zeichnen Sie im Geiste eine liegende Acht, ein Mandala oder einen Schmetterling. Die Zeigefinger und Daumen treffen sich immer wieder kurz in der Mitte. Sie malen ein Bild, in dem die Farbe Gelb in allen Nuancen vorherrscht (Gelb macht geistig frisch). Achten Sie darauf, dass die rechte und linke Hand parallel zeichnen. Sie rahmen das Bild 3mal ein, danach ziehen Sie mehrmals

eine spiralförmige Linie von unten nach oben, von der Erde zum Himmel. Dabei kreisen die Handgelenke ganz locker.

Damit stellen Sie Ihren
persönlichen »heißen Draht«
zum kosmischen Bewusstsein,
zur höheren Intelligenz her.

Nun nehmen Sie beide Hände vor die Brust, Daumen und Zeigefinger liegen immer noch aneinander. Die rechte Hand zeigt nach außen und ist etwas höher als die linke. Die linke Hand zeigt nach innen. Der linke Mittelfinger berührt die Stelle, an der Daumen und Zeigefinger der rechten Hand zum Kreis geschlossen sind. Sie halten Ihre Aufmerksamkeit an den Berührungspunkt der drei Finger und beobachten dabei den Atem.

Bleiben Sie einige Minuten in der Stille.
Tauchen Sie tief ein in diese wundersame Ruhe,
aus der sich wieder neue Kraft
für Körper, Geist und Seele entfaltet.

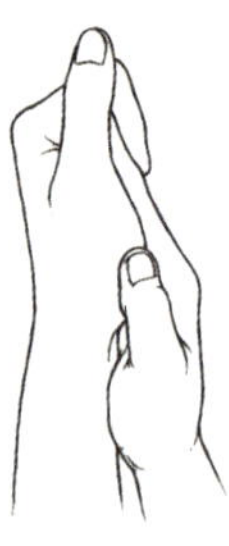

Hände reiben

Mandala malen

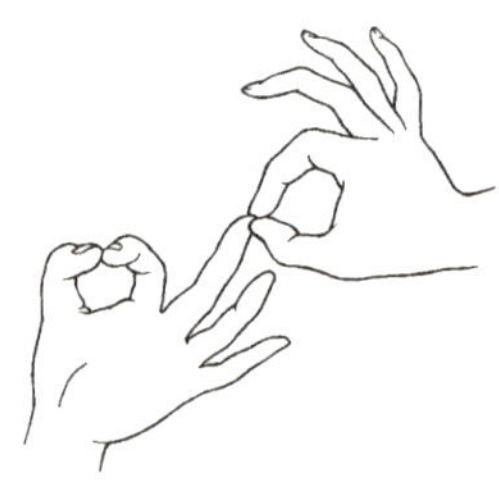

Hände vor der Brust

Geistig fit!

Jede Körperfunktion im Allgemeinen und das Denken im Besonderen hängt von der Aktivität des Gehirns ab. Die Gehirnaktivität kann mit gezielten Körperübungen und einer leichten, gesunden Kost positiv beeinflusst werden; und wenn Sie viel Wasser trinken, unterstützt das die Wirkung.

Die folgenden Übungen wirken erfrischend bei geistiger Müdigkeit, Konzentrationsproblemen oder allgemeiner Lernschwäche und können am Arbeitsplatz – sogar im Klassenzimmer! – zwischendurch praktiziert werden.

Überkreuzbewegung 1

Einatmen; linkes Bein leicht anheben, nach hinten strecken und rechten Arm nach oben und nach hinten strecken. Ausatmen; Bein zurückstellen und Arm wieder senken. Im Wechsel 8mal wiederholen. Blicken Sie dabei immer auf die nach oben gestreckte Hand.

»Der Schwung meiner Bewegung
bringt Beschwingtheit in meinen Geist.«

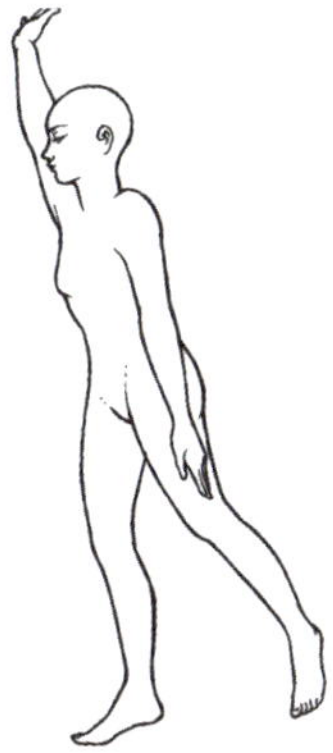

Überkreuz-
bewegung 1

Überkreuz-
bewegung 2

Hände am
Hinterkopf

Überkreuzbewegung 2

Ausatmen; mit rechtem Ellenbogen das linke Knie berühren. Einatmend sich wieder aufrichten, Arm heben und Fuß zurückstellen. Im Wechsel 8mal wiederholen. Beim Ausatmen machen Sie Geräusche wie eine Dampflokomotive.

»Die Leichtigkeit meiner Bewegung beflügelt meine Seele.«

Danach die Hände verschränken und an den Hinterkopf legen. Beim Einatmen kräftig die Arme nach hinten drücken, und beim Ausatmen entspannt nach vorn führen. 6mal wiederholen.

»Ich öffne mich neuer Inspiration,
die mein Leben auf allen Ebenen bereichert.«

Gelb inspiriert

Gelb ist die Farbe des Mittwochs, die Farbe des Geistes. Gelb ist warm und hell, bedeutet Befreiung von Zwängen und inneres Wachstum. Mit seiner positiven Schwingung fördert es Wissen und Weisheit. Gelb steht auch für Verstand, Logik, Unterscheidungsvermögen und Scharfsinn.

Auf der körperlichen Ebene stärkt Gelb das Nervensystem und regt verschiedene Organe an, zum Beispiel Leber, Gallenblase und Bauchspeicheldrüse. Gelb unterstützt auch die Bildung des Magensafts, lindert Verstopfung und allgemeine Verdauungsschwäche.

Gelb hat auch seine ausgeprägte Schattenseite: Lügen und Betrügen, Berechnung, Bosheit und Manipulation können sich hier zeigen.

Zu Gelb habe ich ein recht zwiespältiges Verhältnis. An und für sich liebe ich die verschiedenen Gelbtöne sehr, aber recht schnell habe ich wieder genug davon. Die Komplementärfarbe ist Violett – und von dieser Farbe kann ich nie genug bekommen, besonders mittwochs. Wie geht es Ihnen mit diesen beiden Farben?

- Gelb regt den Geist an, darum tut Ihnen bei geistiger Tätigkeit zwischendurch eine Farbvisualisierung oder die Mittwoch-Mudra gut, kombiniert mit dem Zeichnen von gelben Mandalas.
- Oder stellen Sie einen Strauß gelber Blumen auf Ihren Schreibtisch.

Musik bringt Schwung und Leichtigkeit

Am Mittwoch ist leichte Musik angesagt. Blasinstrumente wie Flöte, Klarinette oder Oboe passen vorzüglich. Aber auch Klaviermusik tut gut, ob nun klassisch oder als rassiger Boogie-Woogie. Es kann sein, dass man mittwochs etwas zur Anregung braucht oder das Gegenteil: etwas, das die strapazierten und gestressten Gehirn- und Nervenzellen besänftigt. Entspannungsmusik mit Panflöten-Solos zentriert und fördert Ruhe und Harmonie.

Zum Mittwoch passen auch textlastige Chansons (zum Beispiel von Reinhard Mey, Bob Dylan, Charles Treunet), gesellschaftskritische und jede Art von zeitgenössischer Musik, moderner Jazz, Schlager usw. (was gerade Mode ist). Auch Kabarett gehört zum merkurischen Mittwoch.

Ilse Arnold empfiehlt das Konzert für Flöte und Harfe KZ 299 von Mozart. »Diese Musik ist so leicht und beschwingt, so rührend und süß, dass ich das Gefühl habe, auf den Flügeln dieser Töne in eine wunderschöne Märchenlandschaft zu entschweben. Die Flötenklänge heben mich in immer höhere Sphären, die Harfenklänge locken mich in immer sinnlichere Welten«, schwärmt sie.

Auf den richtigen Riecher kommt es an …

Limette, Koriander und Niaouli passen zum Mittwoch. Limette (Fruchtschalen) fördert die gedankliche Klarheit, Konzentration, Kreativität, bringt frischen Wind, rückt die Dinge ins rechte Licht und lässt sie von einer fröhlichen Seite her betrachten. Koriander (Samen)

hilft, konzentrierte Betrachtungen anzustellen und Lösungen zu finden. Niaouli (Blätter) schenkt in turbulenten Zeiten die nötige Ruhe, gibt einen ganzheitlichen Überblick und hält den Fokus auf die gestellte Aufgabe.

- Einen klaren Kopf, eine schöne Gesichtshaut und/oder Abhilfe bei Stirnhöhlenverschleimungen gibt ein Gesichtsdampfbad. Geben Sie je 3 Tropfen in eine Schüssel mit heißem Wasser, legen Sie ein großes Tuch über Kopf und Schüssel und inhalieren Sie 3–5 Minuten die aufsteigenden Dämpfe.
- Bei geistiger Arbeit können Sie einen Duftknäuel (mit nassen Händen ein Taschentuch zu einem lockeren Knäuel formen) auf den Schreibtisch legen.
- Gönnen Sie sich ein ausgiebiges Fuß- und Handbad. Danach massieren Sie kräftig Füße und Hände mit dem Duft-Massageöl (1 EL Basisöl plus je 3 Tropfen der Düfte). Bewegen und ziehen Sie dabei sanft Finger und Zehen in alle Richtungen (Merkur, Herr der Feinmotorik, lässt grüßen).

Steine für geistige Klarheit

Passend zum Merkur sind Citrin, Rauchquarz und Tigerauge. Zitrin gilt als Stein der geistigen Klarheit schlechthin. Rauchquarz senkt den geistigen Stresspegel und beruhigt das gesamte Nervensystem. Tigerauge schärft den Blick für das Wesentliche und macht entscheidungsfreudig.

- Legen Sie den Stein, den Sie gerade brauchen, auf Ihren Schreibtisch.
- oder halten Sie ihn zwischendurch in Ihrer rechten Hand, die linke legen Sie sachte darüber. Die Fingerspitzen liegen auf den Innenseiten der Handgelenke.

Raus aus der Routine ...

Nichts ist besser für das Gehirn als Abwechslung – das ist sein Training, seine Nahrung. Ohne großen Aufwand lässt sich ein lustvolles Fitnessprogramm für den Geist in den Alltag einbauen.

- Lesen Sie morgens einen schönen Spruch und versuchen Sie, sich tagsüber an den Wortlaut zu erinnern.
- Duschen Sie im Dunkeln oder mit geschlossenen Augen. Ertasten Sie die Gegenstände, die Sie brauchen.
- Benutzen Sie für die täglichen Arbeiten die ungeübte Hand.
- Verändern Sie Ihren Arbeitsweg und achten Sie auf Einzelheiten am Weg.
- Achten Sie für eine Weile auf alle Geräusche.
- Lernen Sie alle Telefonnummern auswendig, die Sie heute gewählt haben.
- Rechnen Sie im Geiste die Preise der Einkaufswaren zusammen.
- Lassen Sie abends den Tag nochmals Revue passieren und helfen Sie damit dem Gedächtnis nochmals auf die Sprünge.

Brain-Power-Drink

2 EL Mandeln im Mixer fein zerkleinern. 250 ml Sojamilch, eine Tasse (200 ml) schwarze Johannisbeeren oder Heidelbeeren, Saft einer Zitrone und eine Banane beigeben und alles gut durchmixen. Süßen mit 1 EL Rohzucker. Eventuell 1 TL Lezithin flüssig beigeben. (Die Zutaten reichen für etwa 3 Portionen.)

Phenylalanin, Tyrosin, Lipamine und Lezithin sind die wichtigsten Nährstoffe für das Gehirn. Aus Phenylalanin und Tyrosin werden außerdem viele Wohlfühlhormone und Stimmungsaufheller hergestellt (zum Beispiel Dopa, Dopamin, Norepinephrin, Epinephrin). All diese Substanzen sind in diesem köstlichen Drink enthalten – also her damit!

Hirse macht gescheit und heiter

Der Mittwoch ist oft ein lebhafter Tag, und diese Lebhaftigkeit vermittelt auch die Hirse, denn sie unterstützt jede geistige Tätigkeit, besonders deren Tempo, Dynamik und Flexibilität. Sie stärkt den ganzen Menschen, unterstützt die körperliche und geistige Beweglichkeit und macht froh und heiter.

Das Hirsekorn ist zwar das kleinste unter den Körnern, dafür aber das gesündeste. Es enthält mehr Fett und Mineralstoffe als seine Konkurrenten, vor allem Magnesium, Kalzium, Phosphor, Fluor (besonders wichtig für Wachstum und Gesunderhaltung der Zähne) und Eisen, aber auch Lezithin und Vitamine. Wie die Gerste bietet die Hirse einen hohen Gehalt an Kieselsäure, die Augen und Haut gesund erhält. Die Hirse ist ein bewährtes Hausmittel bei allen Haarproblemen.

Hirse durchwärmt den ganzen Körper und wirkt, wenn durch Stress, zu wenig Bewegung und/oder zu viel geistige Aktivität der Wärmehaushalt des Menschen in Mitleidenschaft gezogen ist.

Am Mittwoch oder wenn es bei mir mit dem Kochen schnell gehen muss, ist ein Hirsegericht genau das Richtige.

Hirsotto

Etwas Butter in der Pfanne erhitzen.

Knoblauch, Zwiebeln und Suppengemüse je nach Saison (zum Beispiel Lauch, Karotten, Kohl) klein schneiden und dünsten, 1 Tasse Hirse zugeben, 4 Tassen Wasser dazu gießen, würzen nach Belieben und etwa 20 Minuten kochen.

Geriebenen Käse dazu reichen.

Hirsesuppe

Möchten Sie lieber eine Suppe, dann fügen Sie statt 1 Tasse Hirse nur 3 EL dazu und zum Schluss verfeinern Sie mit etwas Rahm.

Brainfood für Eilige

Sogar beim Kochen besticht der Merkur durch seine Schnelligkeit und sein ökonomisches Talent. Richten Sie Ihre Küche so ein, dass Pfannen, Messer und Schneidebrett griffbereit sind. Die meisten Rezepte in diesem Buch schaffen Sie dann in knapp 7 Minuten.

Außer den Getreidesorten bringen auch dunkelgrünes und rotes Gemüse, in Salaten oder gekocht, Nüsse, Kerne, Hülsenfrüchte und Milchprodukte (bei Unverträglichkeit durch Soja- oder Mandelmilch ergänzen) das Gehirn auf Trab.

- Eine exotische Gedächtnisstütze ist Kurkuma, ein indisches Gewürz, mit dem jedes Gemüse gewürzt werden kann
- oder Tee aus Gingkoblättern.
- Geistiger Stress äußert sich heute bei vielen in Form von Atemnot (die Lunge wird dem Merkur zugeordnet) oder einem lästigen Reizhusten. Dagegen hilft Meerrettichsaft.

Mittwoch

Tipps für den Mittwoch

- Der Mittwoch eignet sich gut, um den Arbeitsplatz aufzuräumen und neue Ordnung zu schaffen
- oder um den wöchentlichen Schreibkram wie Zahlungsaufträge usw. zu erledigen.
- Wie wäre es wieder einmal mit einem kniffligen Kreuzworträtsel?
- Auch ein kleiner Spaziergang in rhythmischer, zügiger Gangart ist wie Balsam für das Nervensystem, bringt Ausgeglichenheit und macht einen klaren Kopf.
- Idealer Tag für Tanzkurse, Theaterproben, Sing- und Sprechübungen oder das Üben auf einem Instrument.
- Belegen Sie einen Sprachkurs.
- Widmen Sie sich mittwochs einem Hobby, das technische oder handwerkliche Geschicklichkeit und Fingerspitzengefühl verlangt.

- PC-Kurse halten ebenfalls das Gehirn auf Trab, schützen vor Monotonie und sind absolut in.
- Gehen Sie ins Kabarett oder besuchen Sie eine Veranstaltung, bei der Sie viel lachen können.
- Schauen Sie sich einen humorvollen Film an.

Ein-Minuten-Ritual

Schreiben Sie 6mal eine Affirmation Ihrer Wahl oder verwenden Sie die folgende.

Voller Elan und Begeisterung meistere ich mein Leben.

Ich meine fast, wenn ich mir
mit der Seele etwas innig wünsche,
dann erfüllt das Leben
mir solche Wünsche gerne.

Arthur Rubinstein

Donnerstag – Weg des Reichtums

Donar bzw. Thor war der Gott, dem die alten Völker des Nordens den Donnerstag weihten. Er war sehr populär, ein Kraftprotz, ein Polterer, ein gewaltiger Biertrinker und enormer Esser, kurzum: ein richtiger Haudegen und Genießer, ein »Donnerkerl«. Seine stattliche Statur war so beeindruckend, dass jeder einen Kampf mit ihm vermied. Thor galt als geradlinig, unkompliziert und gutmütig – wenn man ihn nicht verärgerte.

Ähnliche Eigenschaften gelten auch aus astrologischer Sicht für Jupiter. Deshalb ist ihm – und in der griechischen Mythologie Zeus – der Donnerstag zugeordnet.

Die Jupiterkraft ist grundsätzlich positiv und erzeugt im Menschen ein Gefühl für den Sinn des Lebens. Das ist ein erhebendes Gefühl! Dieses Gefühl, diese Vermutung, die sich zu einem überzeugten Glauben oder sogar zur Gewissheit entwickeln kann, tut gut. Beobachten Sie einmal selbst: Wie fühlt und verhält sich jemand, der an einen Sinn des Lebens glaubt, im Vergleich zu dem, der in seinem Leben keinen Sinn erkennen kann? Die Gewissheit, dass das Leben nicht »zufällig«, sondern sinnvoll verläuft, reicht vom Fassbaren bis ins Unfassbare, vom Endlichen bis ins Transzendente.

Ein Mensch, der sich bewusst geworden ist,
dass sein Leben mit allen Herausforderungen,
Freuden und Leiden einen tieferen Sinn in sich birgt,
strahlt innere Stärke aus,
die ihm natürlichen Schutz und Würde verleiht.

Kommt Leid über einen solchen Menschen, kann er es leichter ertragen, denn er weiß, dass es nicht sinnlos ist und dass alles einem immer währenden Wandel unterworfen ist. Wie sagt dies doch eine alte Weisheit so schön – und sie passt zu jeder Lebenssituation.

Alles hat seine Zeit und geht auch wieder vorbei.

Wir alle tragen ein natürliches Verlangen nach Lebensfreude und Lebenslust in uns (leider verdrängen das viele). Jupiter mischt auch da kräftig mit. Überbordet er, kann das in Völlerei und Prasserei ausarten. Er ist außerdem eine Spielernatur, liebt rauschende Feste, große Gelage – einfach alles, was die Lust und die Freude im Leben steigert.

Jupiter ist der Gott des Reichtums, der Expansion und als solcher auf vielen Symbolen zu finden, die Wohlstand repräsentieren. Er liebt einfach den Luxus und kann nie genug davon bekommen. Wenn wir nicht aufpassen, kann er zum inneren Verführer werden. Erliegen wir ihm, müssen wir vorsichtig sein, damit wir vom Materiellen nicht besessen werden, statt es zu besitzen. Donnerstags haben auch viele Geschäfte längere Öffnungszeiten; da wird viel gekauft, was gar nicht nötig wäre. Was soll's; wenn es Freude macht, hat es wohl auch einen Sinn.

Die Jupiterenergie beinhaltet auch die innere Weisheit und eine objektive Sichtweise. Diese Kraft gestattet uns, das Leben von einer höheren Warte aus zu betrachten. Wir sehen den Weg zu unserem Ziel und sehen auch, welche Schritte wir unternehmen müssen, um das Ziel zu erreichen.

Wir erkennen, dass wir ein Teil
des kosmischen Plans sind, mit dessen Kraft,
unseren Visionen und unserem Willen
können wir alles erreichen.

Jupiter zeigt uns auch die Fülle des Lebens und die unerschöpfliche Fülle des Universums, die uns zur Verfügung steht. Mit unserer Schaffenskraft und unserem unerschütterlichen Vertrauen öffnen wir uns dieser universellen Fülle. Wenn wir die Jupiterkraft in uns entfalten, entwickeln wir auch die nötige charismatische Ausstrahlung, um Mitmenschen für unsere Pläne und Projekte zu begeistern.

Jupiter kann mit dem Höheren Selbst assoziiert werden. Der große Weisheitslehrer K.O. Schmid spricht vom »inneren Riesen«. Diese innere Kraft, die Kraft eines Riesen, steht uns jederzeit zur Verfügung, wenn sich die kleinsten wie auch größten Wünsche erfüllen sollen. Sie unterstützt und hilft uns gerne, wenn wir großzügig denken – auch in Bezug auf die Mitmenschen –, großzügig schenken und großzügig die Zukunft planen und anpacken. Jupiter liebt das Große und Weite. Mit unangenehmen Kleinigkeiten befasst er sich allerdings nicht gerne (das erledigt Saturn), so dass er leicht und gern die kleinen Details übersieht.

So wie im Norden Donar der Gott des Donners und Blitzes war, so war im Süden Zeus der Gott des Himmels und des Wetters. Ein äußeres wie auch ein inneres Gewitter können sehr reinigend wirken, dann können sich volle Schaffenskraft, Mut und Elan erst richtig entwickeln. So kann uns diese Götterkraft, wenn nötig, etwas unsanft von altem Ballast und alter Enge (auch im Denken) befreien, uns das Wesentliche im Leben zeigen und uns zwingen zu handeln. Wenn wir Ziele setzen, die unserem Wohle und dem der Umwelt dienen, ist diese Energie die treibende Kraft, ein guter Ratgeber und verleiht Hoffnung. Unter der Schirmherrschaft Jupiters können wir Pläne begeistert aufgreifen und in die Tat umsetzen, sofern sie mit dem »großen Plan« übereinstimmen.

Früher war der Donnerstag in der Schweiz auch der »kleine Sonntag«: Schulen und Arztpraxen hatten geschlossen, die Burschen gingen auf Brautschau. Es war der Tag, an dem man zusammen speiste, trank und die Lebensfreuden voll auskostete – der ideale Tag, um zu feiern und sich zu freuen!

Der Einfluss Jupiters reicht weit in die Zukunft
und so ist der Donnerstag der richtige Tag,
um Zukunftsvisionen zu entwickeln und
den Sinn des Lebens neu zu hinterfragen.

Der positive Jupitereinfluss:
Innerer und äußerer Reichtum, Wachstum, Sinnfindung, Hoffnung, Gutmütigkeit, Fröhlichkeit, Humor, Mut, positives Charisma, Expansion, Überfluss, Optimismus, Toleranz, Streben nach Wissen und Weisheit, Großzügigkeit, soziale Gerechtigkeit, Geselligkeit, Zukunftsorientiertheit.

Der negative Jupitereinfluss:
Arroganz, Egoismus, Verschwendungssucht, Völlerei, Süchte, Habgier, Leichtfertigkeit, Sorglosigkeit, Ungenauigkeit.

Rendezvous mit Jupiter

An Jupiter ist alles strahlend, expandierend und positiv. Versäumen Sie also nicht, Jupiter, dem Sie in der folgenden Visualisierung begegnen, Ihre kleinen wie auch großen Wünsche in Bezug auf das Mehr-haben-Wollen oder Mehr-sein-Wollen vorzutragen. Allerdings kann alles zu viel und zu groß werden; es wird dann zur Last und/oder zu Stress. Bedenken Sie, dass jedes »Mehr« auch mehr Engagement und Arbeit bedeutet. Richtig gehandhabt, bringt es allerdings auch mehr Freude. Es lohnt sich vielleicht doch?!

Setzen oder legen Sie sich bequem hin und kommen Sie mit 10 tiefen Atemzügen in Ihr Innerstes. Lesen Sie langsam und entspannt den folgenden Text und stellen Sie sich vor:

Sie stehen mit nackten Füßen auf einer breiten, naturbelassenen Straße auf der warmen, dunklen, fruchtbaren Erde. Ahornbäume säumen beidseitig die Straße und am Ende der langen Allee steht ein Triumphbogen. Die Luft ist schwül, ein Gewitter ist im Anzug. Sie gehen langsam, Schritt für Schritt auf den Bogen zu und sehen, dass es der Eingang zu einem wunderschönen Park ist. Das Gewitter kommt immer näher, es blitzt und donnert, und kaum sind Sie unter dem Triumphbogen, da prasseln die Regentropfen auf die Erde nieder. Auf einer Bank machen Sie es sich im Schutz des Bogens gemütlich und warten, bis das Gewitter vorbei ist. Dabei wünschen Sie sich, dass alle dunklen Wolken auch in Ihnen aufgeweicht, aufgelöst und weggeschwemmt werden – alle negativen Ansichten und Glaubenssätze in Bezug auf Ihren materiellen Reichtum und Ihre zwischenmenschlichen Beziehungen.

Nach dem Gewitter ist die ganze Atmosphäre wie gereinigt und Sie atmen einige Male tief durch. Sie gehen nun in den Park und bewundern die mächtigen Bäume – die blühenden Blumenbeete – Teiche mit Seerosen – die Wildblumen am Wegrand. Jetzt kommen Sie an eine breite Treppe, die zu einem imposanten Palast führt, gehen die Treppe hoch und betreten eine hohe Halle aus weißem Marmor. Sie bewundern die großartigen Säulen, die Strukturen – alles zeugt von enormem Reichtum. Sie durchqueren verschiedene Säle, einer schöner als der andere, und kommen in den Thronsaal, der in Orange, Rot und Gelb ausgestattet ist – Vorhänge – Teppiche – Kissen usw. Zwei große Thronsessel stehen an der Rückwand, der eine ist ausladend und reich verziert, der andere schlicht und elegant. An der gegenüberliegenden Wand bemerken Sie einen blinden Spiegel. Nun kommt Jupiter in weitem, wallendem purpurrotem Gewand in den Saal und setzt sich auf den einen Thron. Er ist eine strahlende und würdige Erscheinung. Mit gütigen Augen und liebevollem Lächeln lädt er Sie ein, auf dem Schemel vor ihm Platz zu nehmen. Kaum sitzen Sie, kommt eine wunderschöne Frau in schlichtem weißem, aber edlem Gewand in den Saal und setzt sich auf den zweiten Thronsessel. Sie lächelt und sagt:

»Ich bin Hera, die Göttin, die das richtige Maß der Dinge vertritt und bewirkt. So wie Jupiter dir helfen kann, deine Wünsche zu erfüllen, so kann ich dir helfen, dabei das richtige Maß zu finden, damit du mit dem Erhaltenen auch wirklich glücklich wirst. Viele fürchten mich, weil sie nicht einsehen wollen oder können, was wirklich gut für sie ist. Aber wer mir vertraut, wird reich belohnt. Den wahren Frieden bzw. die wahre Zufriedenheit kann nur ich schenken.«

Jupiter wendet sich nun an Sie und sagt:

»Sprich einen Wunsch aus und schau in den Spiegel gegenüber. Darin siehst du, wie es sein wird, wenn sich dein Wunsch erfüllt hat. Spaße aber nicht mit dieser Möglichkeit, sondern sprich nur Wünsche aus, mit denen du es wirklich ernst meinst und die aus deinem Herzen kommen. Lass dir viel Zeit, wenn du im Spiegel betrachtest, was dein erfüllter Wunsch in deinem Leben außerhalb von dir, besonders aber in deinem Innersten bewirkt. Schau, welche Konsequenzen es hat, sofort und später.«

Sprechen Sie nun langsam in positivem Wortlaut einen Ihrer Wünsche aus und betrachten Sie dann die Bilder, die auf dem Spiegel erscheinen. Wenn Sie genug gesehen haben, wenden Sie sich an Jupiters Gemahlin. Sie spricht:

»Überlege dir, was du alles bereit bist zu tun, damit dein Wunsch in Erfüllung geht und erzähle es mir.«

Lassen Sie sich bei diesen Überlegungen viel Zeit. Hera gibt Ihnen nun den Rat, während der nächsten Wochen, besonders donnerstags, noch mehr nachzufühlen, was Sie alles tun möchten, können oder wollen, damit sich Ihr Wunsch erfüllt. Nun drückt Ihnen Jupiter einen Zinnkrug in die Hände und fordert Sie auf, von dem darin enthaltenen wundervollen, kraftspendenden Elixier zu trinken. Sie trinken in großen Zügen und die Energie verteilt sich nun von Ihrer Körpermitte aus in Ihr Herz, Ihren Kopf, in Ihre Arme und Hände, in Ihre Beine und Füße. Sie genießen das Gefühl einer überwältigenden Kraft in jeder Zelle Ihres Körpers.

Voller Dankbarkeit verabschieden Sie sich von Jupiter und Hera, verlassen den Palast und betreten wieder den Park. Falls Sie noch etwas Zeit haben, setzen Sie sich auf eine Bank unter einen der Ahornbäume und genießen die Schönheit und den Überfluss, der rings um Sie in der Natur herrscht.

Langsam kommen Sie wieder zurück ins Tagesbewusstsein.

Meditationen für den Donnerstag

Jupiter, Zeus, Donar, Tor – all diese Archetypen verkörpern die Energie des Reichtums, des Überflusses, aber auch der Geselligkeit und positiven Beziehungen; und sie weisen von der Gegenwart in die Zukunft.

Die Kanäle des Reichtums öffnen

Durch Ihre innere Einstellung können Sie tatsächlich äußeren Reichtum und Überfluss anziehen. Neben einer erfolgreichen Zukunftsplanung muss also auch immer die innere Einstellung hinterfragt und neu angepasst werden. Soll beispielsweise mehr Geld zu uns fließen, dann müssen wir das Geld auch mögen; möchten wir einen größeren Freundeskreis, dann müssen wir zuerst unsere innere Haltung den Mitmenschen gegenüber unter die Lupe nehmen; möchten wir eine befriedigendere berufliche Tätigkeit, dann müssen wir bereit sein, das Unsrige beizutragen (Mars hilft uns dabei).

Unsere momentane Haltung und unsere Handlungen
müssen schon im Kleinen dem entsprechen,
was wir in der Zukunft im Großen haben wollen.

Wenn Sie reich werden wollen, was immer das auch heißt, dann müssen Sie sich schon jetzt »reich fühlen« … Ich beispielsweise komme aus einer einfachen Familie, in der Geld nur für das Nötigste da war. Aber schon sehr früh lernte ich die reich machenden Prinzipien kennen, lebte danach und hatte immer reichlich Geld zur Verfügung (für weite Reisen, hübsche Kleidung und schöne Wohnung, für Hobbys und Vergnügungen jeder Art, für Geschenke usw.). Wenn auf meinem Konto fast Ebbe war, verschenkte ich den Rest noch. Ich kenne Menschen, die sehr wenig Geld haben und sich trotzdem die meisten ihrer Wünsche erfüllen können. Andere wiederum sind mit viel Geld sehr unglücklich. Schenken und Spenden hat mir am meisten Geld eingebracht, als hätten meine kleinen Gaben das Gleiche angezogen. Leider schaffe ich es nicht ganz, in allem großzügig zu sein (wer ist das schon), aber da, wo ich es bin, sind die Kanäle beidseitig offen. Es funktioniert wie ein Bumerang: Alles kommt wieder zu mir zurück – aber in größerem Ausmaß. Versuchen Sie das auch einmal! (Mit dem Negativen verhält es sich allerdings genauso!)

Nehmen Sie Ihre Meditationshaltung ein, oder legen Sie sich hin. Ihre Hände sind zu leeren Schalen geformt.

Bleiben Sie zunächst einige Sekunden in der Stille und konzentrieren Sie sich auf die kleine Pause nach dem Ausatmen – auf die Leere. Stellen Sie sich folgende Fragen:
Was bedeutet mir innerer Reichtum?
Was bedeutet mir äußerer Reichtum?
Was brauche ich, um zufrieden und glücklich zu sein?

Wenn Ihnen klar ist, was Sie brauchen, dann stellen Sie sich vor, Sie würden es schon besitzen, Sie würden es benutzen, Sie würden damit leben. Stellen Sie sich dann vor, wie Sie sich dabei fühlen, wie Sie schon jetzt ein wenig so leben, als hätten Sie es schon. Wenn Sie mehr Geld haben möchten, stellen Sie sich vor, wie Sie schon jetzt jeden Monat einen kleinen Betrag auf Ihr Sparkonto legen und den Rest voller Freude großzügig ausgeben. Sie kaufen hübsche Sachen, ein gutes Buch, Konzert- oder Theaterkarten, Essen von bester Qualität und haben immer auch eine offene Hand für Spenden und Geschenke. Wenn Sie ein neues

Heim möchten, stellen Sie sich vor, wie Sie schon jetzt Ihr Zuhause mit wenigen Mitteln verschönern usw. Egal, was Sie sich wünschen, teilen Sie es mit anderen, stellen Sie sich vor, wie Sie Ihre Umwelt damit erfreuen und bereichern. Beenden Sie die Meditation, indem Sie 7mal sagen:

»Ich bin bereit, Reichtum zu empfangen;
ich genieße ihn mit ganzem Herzen
und gebe davon großzügig weiter.«

Zukunftsvisionen entwickeln

Wir beeinflussen unsere Zukunft unbewusst mit unserer Vorstellungskraft, mit unserem Denken und unseren Gefühlen.

Egal, wie alt oder wie jung wir sind,
wir sollten uns immer wieder neue Projekte vornehmen,
etwas Neues anfangen oder unserem Tun, Sein und Haben
neue Tiefe und Qualität geben.

Unsere Lebensqualität muss hin und wieder neu hinterfragt und neu geplant werden – der Donnerstag eignet sich dazu vorzüglich. Tun wir das nicht, kommen wir in einen langweiligen Trott.

Nehmen Sie Ihre Meditationshaltung ein oder legen Sie sich hin. Daumen, Zeigefinger und Mittelfinger liegen aneinander.

Stellen Sie sich eine weiße Kinoleinwand vor. Darauf projizieren Sie einen Film, der Ihre Zukunft darstellt. In diesem Film spielen Sie die Hauptrolle. Sie entwerfen eine Zukunft, die Ihnen entspricht, die Sie zufrieden macht, Ihnen Freude bereitet und den Sinn Ihres Lebens zum Ausdruck bringt. Sie sehen, wie Sie in Zukunft wohnen werden – was Sie beruflich machen – wie Sie Ihren Urlaub verbringen – wie Sie die Zeit mit Ihrer Familie bzw. mit Ihren Freunden erleben. Visualisieren Sie alles so bunt und so klar wie möglich. Sie sind mit ganzem Herzen dabei. Spüren Sie jetzt schon Ihre Freude und Zufriedenheit. Sie sprechen mit anderen darüber. Sie werden in Ihren Zukunftsprojekten unterstützt und Sie helfen auch Ihren Mitmenschen. Sie loben sich zu Ihrem gelungenen Lebensmanagement und Ihrem Erfolg und Sie finden dieselbe Anerkennung in Ihrer Familie und bei Ihren Freunden. Ihr Erfolg soll auch Ihrer Umgebung einen entsprechenden Gewinn bringen. Sie bereichern dadurch Ihr Umfeld; und das Umfeld wiederum beschenkt Sie mit allem, was Sie glücklich macht.

Diese Visualisierung können Sie auch liegend im Bett kurz vor dem Einschlafen oder nach dem Aufwachen machen. Vielleicht möchten Sie einen ganz speziellen Bereich in unmittelbarer Zukunft verändern, zum Beispiel Ihre Wohnung. Dann visualisieren Sie nach demselben System, wie sie aussehen soll und wie Sie darin leben. Viel Spaß dabei!

Es lebe die Geselligkeit!

Früher aß man in der Schweiz donnerstags gemeinsam die »Grüne Suppe«. Es war der Tag, an dem man Freunde und Verwandte besuchte, um mit ihnen zu essen, zu plaudern, zu singen oder zu arbeiten. Dieser Brauch könnte auch heute ein ideales Mittel sein, um Beziehungen aller Art zu hegen und zu pflegen.

Seien Sie immer wieder offen für neue Bekanntschaften.
Ist Ihnen ein Mensch besonders sympathisch,
gehen Sie doch einfach auf ihn zu.

Wie wir einen geselligen Abend gestalten, hängt weitgehend von unserer Kreativität ab und nicht so sehr von äußeren Mitteln. Erwarten Sie nie, dass Sie zuerst eingeladen werden. Machen Sie den ersten Schritt, wenn nötig auch den zweiten. Von den anderen erwarten Sie nichts, es sei denn, Sie haben zu wenig Geld oder zu wenig Zeit. Dann bitten Sie Ihre Gäste, etwas mitzubringen. Sie wollen ein paar gemütliche Stunden mit Ihren Freunden verbringen, Ihr Lohn ist die

Freude am Beisammensein. Viele verzichten darauf, andere einzuladen, weil sie Angst haben vor Ausnutzung, Tratschereien oder gar Streitigkeiten oder befürchten, abgewiesen zu werden. Aber auch die Gespräche und den Verlauf unserer Geselligkeiten können wir maßgeblich beeinflussen. All diese Ängste sind völlig unbegründet, wenn wir wissen, wie wir unsere Beziehungen gestalten und pflegen können. Dabei kann die folgende Visualisierung gute Vorarbeit leisten.

Nehmen Sie Ihre Meditationshaltung ein oder legen Sie sich hin. Daumen- und Zeigefingerspitzen liegen aneinander.

Stellen Sie sich vor, wie ein gemütliches Beisammensein aussehen könnte. Wie decken Sie den Tisch. Was wird gegessen und getrunken? Malen Sie sich im Geiste verschiedene Varianten aus, vom einfachsten spontanen Beisammensein bis zu rauschenden Festen. Die Vorbereitungen machen Ihnen riesigen Spaß. Sie bekommen Unterstützung von allen Seiten. Spielen Sie mit den Varianten, auch mit scheinbar Unmöglichem. Alle Gäste tragen etwas zum Gelingen des Festes bei, Freundschaften entwickeln sich und Sie fühlen sich wunderbar getragen, geachtet und geliebt. Sagen Sie 7mal:

»Die glücklichen Stunden mit meinen Gästen
will ich mit vollem Herzen und allen Sinnen genießen.«

Beenden Sie die Meditation und denken Sie darüber nach, wen Sie demnächst einladen könnten – ohne besonderen Vorwand oder großen Aufwand, einfach um der Geselligkeit willen.

Machen Sie diese Visualisierung an 7 aufeinander folgenden Donnerstagen und werden Sie dann aktiv. Ich wünsche Ihnen viele fröhliche Stunden bei Speis und Trank, bei Ausgelassensein und/oder interessanten Diskussionen.

Thors Lachen oder gut gelaunt ist halb gewonnen!

Diese Atemtechnik weckt all Ihre Lebensgeister und bringt Sie an den Punkt, an dem Sie einfach lachen müssen. Gut so! Damit bringen Sie Ihre Hormondrüsen auf Trab und die Ausschüttung Ihrer Glückshormone ist wieder gewährleistet. Zudem massiert das Lachen die einzelnen Organe und stärkt Ihr Immunsystem.

- Sie stehen oder sitzen mit leicht gegrätschten Beinen. Im Stand sind die Knie leicht gebeugt.
- Sie formen die Hände zu lockeren Fäusten und legen sie aufs Brustbein.
- Nun atmen Sie tief ein und halten die Luft etwa 3 Sekunden an.
- Während Sie ausatmen klopfen Sie auf das Brustbein, ziehen die Mundwinkel auseinander und atmen stoßweise durch den Mund aus, in dem Sie so laut wie möglich Ha Ha Ha Ha im Wechsel seufzen, sprechen, singen.
- Zusätzlich werfen Sie nun bei jedem Einatmen spielerisch Hände und Füße (falls Sie sitzen) nach oben, wackeln mit dem Kopf und reißen die Augen weit auf. Beim Ausatmen wieder Brusttrommeln und Ha Ha Ha Ha.
- Mehrmals wiederholen.

Mudra – zur Kräftigung einzelner Organe

Ganz einfach: Man legt alle Fingerspitzen aneinander und setzt so die Finger auf das gewünschte Organ. Dadurch lenken Sie wie mit einem Laser- oder Blitzstrahl stärkende und regenerierende Energie in das betreffende Organ. Diese Mudra, Mukula-Mudra oder auch Schnabelhand genannt, passt vorzüglich zum Donnerstag, der Donar, dem Gott des Blitzes und des Donners geweiht war. Samuel West, ein amerikanischer Wissenschaftler und Arzt, setzt die Mukula-Mudra ein, wenn ein Organ elektrisch neu aufgeladen werden soll – und er hat großen Erfolg damit. So konnte er nachweisen, dass jede Krankheit und auch viele undefinierbaren Schmerzen daher rühren, weil das entsprechende elektromagnetische Feld zu schwach ist.

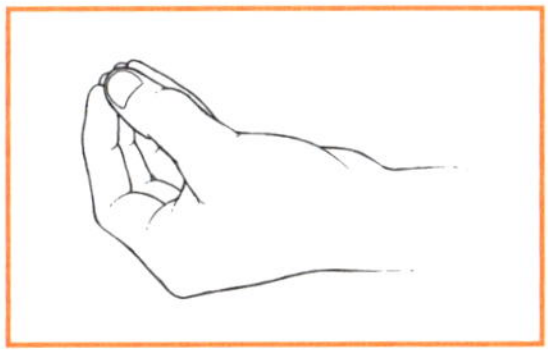

Mit jeder Hand: Die vier langen Finger an den Daumen legen und die Fingerspitzen einige Minuten an den Punkt setzen, der dem betreffenden Organ zugeordnet ist.

Auf der folgenden Abbildung sehen Sie, wo die Auflagepunkte sind. Mit etwas Übung werden Sie sofort spüren, wo Ihre Hände richtig liegen.

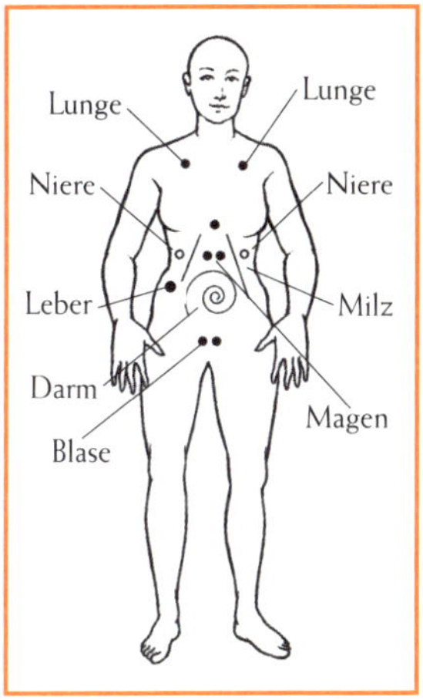

Lunge: Die Finger werden etwa 5 Zentimeter rechts und links unterhalb des Schlüsselbeins angesetzt.
Magen: Die Finger beider Hände werden direkt unterhalb des Brustbeins angesetzt.
Leber und Gallenblase: Die linke Hand an das Brustbeinende setzen und mit der rechten Hand 21mal über die Rippenenden der rechten Seite streichen, als wollten Sie ein Streichholz anzünden.
Milz und Bauchspeicheldrüse: Die rechte Hand an das Brustbeinende setzen und mit der linken Hand 21mal über die Rippenenden der linken Seite streichen, als wollten Sie ein Streichholz anzünden.
Nieren: Die Finger beider Hände etwa 5 Zentimeter oberhalb der Taille an den Rücken setzen.
Blase: Finger beider Hände rechts und links des Schambeins ansetzen.
Därme: Die Finger der einen Hand an den Nabel setzen und von rechts nach links eine immer größer werdende Spirale ziehen (siehe Abbildung oben).

Machen Sie dabei die Yoga-Vollatmung, das heißt, Sie halten den Atem nach dem Ein- und nach dem Ausatmen einige Sekunden an.

Wenn Sie einatmen, denken Sie: *Kraft rein*.
Wenn Sie ausatmen denken Sie: *Schmutz raus*.

Zusätzliche Wirkung erzielen folgende Farbvisualisierungen:

- zur Behandlung der Lunge visualisieren Sie die Farbe Weiß,
- für die Leber und Gallenblase Grün,
- für Magen, Milz, Bauchspeicheldrüse Gelb,
- für Herz oder Dünndarm Rot und
- für Nieren und Blase die Farbe Blau.

Ganz nebenbei: Donar bzw. Tor war nicht nur beim Essen unersättlich, sondern auch sexuell. Jupiter stellte ebenfalls gerne den Frauen nach. Thor soll so lüstern gewesen sein, dass ihm der Speichel wie ein Bach aus dem Mund floss ...

Möchten Sie also beim Sex etwas mehr Energie haben, kann Ihnen Ihre Partnerin bzw. Ihr Partner die Finger in der Mukula-Stellung an Ihren Nabel setzen und im Uhrzeigersinn eine Spirale ziehen. Dabei dürfen die Finger den Körper nicht berühren, weil nur so das Energiefeld aufgeladen wird. Achtung! Die Bewegung ist zärtlich, locker, schwungvoll – nicht dramatisch, leistungsorientiert ...

Da jauchzt die Leber!

Jupiter wird die Leber zugeordnet; sie beeinflusst die Energie der rechten und linken Körperseite, verkörpert Geduld und Durchhaltekraft und richtet den Blick auf die Zukunft.

In der folgenden Übung werden die Verdauungsorgane (Leber und Verdauung arbeiten eng zusammen) gepresst und gedehnt, so dass die Durchblutung angeregt wird und innere Verspannungen aufgelöst werden.

Sterne pflücken

Stellen Sie sich locker hin. Die Sterne sind unerreichbar. Recken und strecken Sie sich so weit wie möglich, als wollten Sie einen Stern pflücken. Seine Energie soll Ihnen Glück in der Zukunft bringen.

Bauch-Massage

Einatmen; Kopf heben, ausatmen; Kopf senken, Kinn anziehen, Steißbein einziehen. Während der Atemleere die Bauchdecke kräftig einziehen und wieder loslassen. Loslassen und anspannen – mehrmals wiederholen.

»All meine inneren Organe leisten jetzt
und in Zukunft ihr Bestes.«

Gerolltes Blatt

Fäuste auf den Bauch. Sie sind ganz entspannt und spüren den Druck, den die Hände erzeugen – so lenken Sie Energie in den Bauch.

»Ich bin voller Dankbarkeit für alles
was ich bin, kann und habe.«

Bauch-Massage

Gerolltes Blatt

Bleiben Sie noch einige Minuten auf dem Rücken liegen und legen Sie Ihre wärmenden und energiespendenden Hände auf die Rippen.

»Ich bin offen für alles Gute und Schöne
und lasse mich und mein Leben davon erfüllen.«

Orange kontra Alltagsgrau

Zu Jupiter gehören die Farbe Orange und ihre Komplementärfarbe Blau. Orange ist eine warme Farbe, die nach außen strahlt. Ihr Charakter ist extrovertiert und konstruktiv. Orange weckt die Begeisterung, die Lust auf Sex und schenkt eine positive Lebenseinstellung, Vitalität, Kreativität, ein gutes Maß an Selbstvertrauen und die Spannkraft, gesteckte Ziele zu erreichen. Orange fördert auch Kommunikation und Geselligkeit.

Orange wirkt sich positiv auf den ganzen Verdauungstrakt aus, stärkt den Herzschlag und unterstützt die Funktionen von Leber, Gallenblase, Magen, Bauchspeicheldrüse, Darm und Blase. Das Tragen von orangeroter Unterwäsche kann also sehr heilsam sein.

Ist man aber gereizt oder gestresst, kann Orange als zu aufdringlich empfunden werden und aggressiv machen. Dann wirkt Blau beruhigend, entspannend und bringt innere Harmonie. Farbforscher ordnen dem Donnerstag Blau als Hauptfarbe zu, da Blau auch die Farbe des Materiellen einerseits und die Farbe der Sehnsucht andererseits ist. All unsere Wünsche sind Zeichen eines inneren Mangels und unserer Sehnsucht, diesen Mangel zu beheben. Blau kann allerdings auch hemmen und darum gehört Blau meiner Meinung nach doch eher zum Samstag. Orange mit Blau kombiniert ist allerdings sehr interessant.

- Dekorieren Sie für den geselligen Abend den Tisch in Orange und Blau.
- Vielleicht möchten Sie mehr Orange in all seinen Erscheinungsformen als Kerzen, Kissen, Vorhänge usw. in Ihr Wohnzimmer bringen oder in einem anderen Raum, in dem Sie gemütlich mit anderen beisammensitzen.
- Bei aller Liebe zu Orange dürfen Sie es aber mit dieser Farbe nicht übertreiben, da sie auch zu ausschweifendem Verhalten führen kann. Sie wollen ja nicht, dass Ihre Donnerstagsrunde ausartet …

Musik der Götter

Jupiter verkörpert die Vielfalt. Darum kann ihm kaum nur ein bestimmtes Musikinstrument zugeordnet werden. Seine Musik ist erhaben, vielfältig, berauschend. Es ist die Musik der Götter. Wer denkt da nicht sofort an Richard Wagner und seine Opern, an die Symphonien von Ludwig van Beethoven (besonders die Neunte), an Gustav Mahler oder an die dramatischen Werke Verdis? Die Komponisten haben sich im Klangvolumen nicht zurückgehalten und Sie sollten dies bei der Lautstärke auch nicht tun. Gönnen Sie sich diese Musik, die jede Zelle zum Vibrieren bringt, Sie berauscht und entzückt.

Von der zeitgenössischen Musik gehören zum Donnerstag die »World-Songs«: We are the world …, Lieder des Friedens, der Ethik und der Menschenliebe (zum Beispiel von Michael Jackson, Bob Dylan, Joan Baez). Auch Gospels mit ihren spirituellen Botschaften in Bezug auf das irdische Leben, Spirituals mit lebensbejahenden Aussagen (Mahalia Jackson) und schließlich das große Repertoire der Folkmusic passen zur Jupiterenergie.

Auf Duftwolken schweben …

Pfefferminze, Rosmarin und Zeder passen zum Jupiter. Pfefferminze belebt, erfrischt und stimmt optimistisch; Rosmarin weckt die Lust und Begeisterung und die Zeder entspannt, besänftigt und erdet.

- Pfefferminze ist ein richtiger Tausendsassa unter den Düften. Auf kleinen Flächen können Sie das Öl schnell zwischendurch unverdünnt auftragen. Bei Kopfschmerzen im Schläfenbereich massieren, bei Antriebsschwäche die Stirn, bei Halsverspannungen den Nacken oder das Kiefergelenk.
- Rosmarin weckt die Lebensgeister. Stellen Sie die Essenz neben das Bett, schnuppern Sie morgens ein wenig daran und in Sekundenschnelle sind Sie frisch und munter.

- Gönnen Sie sich abends einen entspannenden, wohltuenden Bauchwickel (wirkt wunderbar auch bei Blähungen, Völlegefühl, Bauchkrämpfen):

  Auf einen Esslöffel Massageöl geben Sie je zwei Tropfen der Essenzen bei, massieren damit im Zickzackmuster sanft Leber-, Magen- und Bauchbereich ein, legen ein nass-heißes Frottiertuch darauf, packen sich warm ein und bleiben so etwa 20 Minuten ruhig liegen.

Edle Steine des Jupiter

Saphir, Malachit, Türkis passen zum Jupiter. Saphir, dieser edle Stein, unterstützt die Konzentration, lenkt die Gedanken auf gesetzte Ziele und mobilisiert die geistigen Kräfte, sie auch zu erreichen. Malachit wirkt bei Bauchkrämpfen entspannend, fördert die Entsäuerung und Entgiftung und tut Leber und Magen gut. Im seelisch-geistigen Bereich macht er Wünsche und Sehnsüchte bewusst, stärkt Vorstellungskraft, Beobachtungsgabe und Entschlussfähigkeit. Türkis ist ein richtiger Allrounder: Sie können ihn als Schutzstein und als Amulett für Kraft, Gesundheit und Lebensfreude verwenden.

Trinken Sie aus einem Zinnbecher, denn *Zinn* ist das Metall des Donnerstags.

Gehen Sie donnerstags fremd …

Donnerstag ist der Tag, um Fremdes kennen zu lernen, damit Ihr Wissens- und Erfahrungsspektrum immer breiter werden. Um Neues zu entdecken, brauchen Sie nicht um die halbe Welt zu reisen. Ein kleiner Trip in die nähere Umgebung kann genauso aufregend sein. Gehen Sie zur Abwechslung einmal in eine Bar oder besuchen Sie eine Veranstaltung, die Ihnen fremd ist. Lassen Sie die Stimmung dieser fremdartigen Atmosphäre auf sich einwirken. Gehen Sie durch Stadtviertel oder Ortsteile, die Sie nicht kennen oder besuchen Sie eine andere Stadt. Gehen Sie in Geschäfte, die Sie noch nicht kennen, lesen Sie andere Zeitungen oder Illustrierten als bisher oder besuchen Sie eine Buchhandlung. Jede Buchhandlung hat ihre ganz eigene Prägung. Besuchen Sie einmal eine »fremde« Buchhandlung, Sie werden staunen, was es da alles zu lesen gibt. Kurz: Entdecken Sie Neues – dies ist sehr beglückend und Ihr innerer Jupiter wird sich freuen.

Sauer macht lustig – Apfelessig-Trunk

1 Glas warmes Wasser mit 2 TL Apfelessig und 1–2 TL Honig vermischen. Trinken Sie diesen Cocktail vor jeder Mahlzeit in kleinen Schlucken. Leber, Magen, Bauchspeicheldrüse und Darm werden es Ihnen danken.

Roggen für ein starkes Rückgrat

Der Roggen, der von allen Getreidesorten am höchsten wächst, wird Jupiter zugeordnet. Er liebt viel Sonne und gedeiht auch in höheren Lagen. Roggen ist ein rechter Bodenverbesserer, da seine dichten Wurzeln den Boden lockern. Entsprechend der Signaturlehre, nach der auch Paracelsus heilte, werden die besonderen Eigenschaften und Kräfte, die der Pflanze eigen sind, bei deren Verzehr auf den Menschen übertragen. So soll der Roggen dem Menschen eine gute Standfestigkeit, ein geschmeidiges und starkes Rückgrat und einen hellen und beweglichen Geist verleihen. Auf Schweizerdeutsch heißt der Rücken »Rugge« und gerade auf den Rücken hat der Roggen einen besonders stärkenden Einfluss. Mit dem Impuls des Göttervaters Jupiter stärkt er uns nicht nur physisch, sondern auch geistig den Rücken. Sein Kaliumgehalt tut besonders der Leber gut und unterstützt auf der emotionalen Ebene Geduld und Durchhaltevermögen. Ist die Leber gesund, dann blicken wir auch zuversichtlich und optimistisch in die Zukunft!

Roggeneintopf

In Kochbüchern wird meistens empfohlen, Körner ungefähr 10 Stunden vor dem Kochen einzuweichen. Das erfordert eine recht langfristige Planung. Es geht aber auch viel schneller und einfacher:

1 Tasse Roggen waschen und in einen wärmespeichernden Topf geben. 2 Tassen Wasser beifügen, aufkochen und 3–4 Stunden ruhen lassen.

Eventuell klein geschnittenes Gemüse zugeben und 30 Minuten bei schwacher Hitze köcheln lassen.

Würzen nach Belieben (zum Beispiel mit Meersalz, Curry, Soja-Sauce). Vor dem Servieren noch ein Stück Butter oder 1 EL Olivenöl beigeben.

Dazu kann gewürzter Sauerrahm oder eine Kräutersauce gereicht werden.

Kräutersauce

Rosmarin und Thymian in Butter knusprig anbraten.

Zwiebeln klein schneiden, dazugeben und dünsten, bis sie braun sind. Rahm beifügen und mit Soja-Sauce und Pfeffer abschmecken. Die Soße separat zum Eintopf reichen.

Gemüsesuppen in allen Varianten

Fast überall auf der ganzen Welt hat jede Region ihren speziellen Eintopf – ein Rezept, das von Generation zu Generation weitergegeben und von Groß und Klein geschätzt wird. Die alten Germanen kannten die grüne Donnerstagssuppe aus Gundermann, Brennnessel, Geißfuß, Melde, Wegerich, Kerbel, Taubnessel, Vogelmiere und Gänseblümchen. Daraus ist die vielgeliebte Gemüsesuppe entstanden, die innerhalb weniger Minuten zubereitet ist und immer gut schmeckt:

Zwiebeln, Kräuter und Gemüse klein schneiden, kurz andünsten und mit Gemüse- oder Fleischbrühe ablöschen. Kartoffeln würfeln, beigeben und das ganze 15 Minuten leicht köcheln.

- Sehr gesund und schmackhaft sind dazu Roggenbrot und verschieden Käsesorten.
- Zum Donnerstag passen auch Gerichte mit Sauerkraut und allen anderen Kohlarten, also deftige Hausmannskost.
- Trinken Sie bei Unwohlsein oder Blähungen vor allem nach Kohlgerichten einen Kräutertee aus Anis, Dill, Fenchel, Koriander, Kümmel, Schafgarbe (in der Apotheke oder im Reformhaus erhältlich).

Tipps für den Donnerstag

- Machen Sie einen gemütlichen Einkaufsbummel und erfüllen Sie sich einen kleinen oder größeren Wunsch.
- Schenken Sie jemandem etwas – einfach so.
- Erklären Sie den Donnerstag zu Ihrem kleinen Sonntag, an dem gemütliche Geselligkeit gepflegt wird.
- Trinken Sie abends ein Bier mit Ihren Arbeitskollegen oder -kolleginnen.
- Besuchen Sie Orte oder eine Veranstaltung, an denen viele Menschen zusammenkommen.
- Senden Sie E-Mails an Ihre Freunde im Ausland.
- Schmieden Sie Pläne für Ihren Urlaub, studieren Sie Reiseführer.
- Sehen Sie sich einen Dokumentarfilm über fremde Länder an.
- Organisieren Sie einen Ferien-Dia-Abend mit Freunden.

Ein-Minuten-Ritual

Setzen Sie einen hauchfeinen Kuss auf die Hand und blasen Sie ihn ganz sachte und voller Inbrunst in die Zukunft.

Viel Kälte ist unter den Menschen, weil wir nicht wagen, uns so herzlich zu geben, wie wir sind. *Albert Schweitzer*

Freitag – Weg der Liebe und Freundschaft

Der Freitag, althochdeutsch Friatac, alemannisch Fridig, wird der germanischen Göttin Frigg zugesprochen. Diese äußerst raffinierte und verführerische Göttin war die Gemahlin Odins, was sie allerdings nicht daran hinderte, mit anderen Göttern »anzubändeln«. Freyia wiederum, ihre Rivalin, hatte zum Ausgleich eine recht enge Beziehung mit Odin … Frigg und Freyia sind Liebes- und Fruchtbarkeitsgöttinnen; ihnen entsprechen im Süden die griechische Göttin der Liebe und der Schönheit, Aphrodite, und die römische Liebesgöttin Venus. Mit Venus betreten wir das Reich der Schönheit und der Liebe.

Schönheit begeistert, beschwingt und beglückt;
sie spricht eine tiefe Sehnsucht in uns an,
scheint sie doch in irdischer Vollkommenheit
Überirdisches zu spiegeln.

Dieses Gestaltungsprinzip macht uns empfänglich für formschöne Ausgewogenheit, Ebenmaß, Farben und Klänge. Wir können beobachten, wie leicht es uns bei guter Stimmung fällt, das Schöne zu sehen und uns daran zu freuen. Venus spornt die Künstler an, in ihren Werken Schönheit und Harmonie zum Ausdruck zu bringen.

Aber die Venus steckt in uns allen
und jeder ist auf einer ganz individuellen Ebene ein Künstler.

Schade, dass viele das gar nicht wissen. Durch die Praxis der Meditation können Sie jedoch Ihre kreative Ader entdecken und Ihren Sinn für das Schöne wecken. Oder kennen Sie Ihren Sinn für das Schöne oder Ihre kreative Ader bereits? Wenn nicht, fangen Sie am Freitag mit der Suche an. Und setzen Sie die neuen Talente so oft wie möglich ein, damit sie sich voll entfalten können.

Das durch Venus symbolisierte Harmoniebedürfnis lässt uns auch Spannungen und Gegensätze ausgleichen, Härten und Schärfen mildern. Venus ist die verbindende Energie: In Ihrem Innenleben stellt Sie eine Beziehung zu allen Aspekten Ihrer Persönlichkeit her. Sie ermöglicht emotionale Verbindungen zum Mitmenschen und zur Natur – zu allem, was von den schöpferischen Kräften geschaffen wurde, zu allem, was durch Menschenhand kreiert wurde.

All diesen Verbindungen, die wir durch die Venuskraft herstellen, liegen die Liebe, das Wohlwollen, die Anerkennung und die Bewunderung zugrunde. Natürlich wird auch jede Ehe oder eine andere Form von Partnerschaft stark von der Venus beeinflusst. Die Venusliebe in ihrer höchsten Dimension stellt keine Bedingungen und kennt keine Eifersucht. Auch einer größeren Gemeinschaft, deren Mitglieder Gemeinsames leisten oder Projekte ausarbeiten, hilft Venus durch ihr Gestaltungsvermögen.

Venus trägt außerdem die Schlüssel zur liebenden Verbundenheit mit den universellen Mächten. Sie besitzt den Schlüssel, der durch die Macht der bedingungslosen Liebe alle Türen öffnet.

Wenn wir unser Herz der universellen Liebe öffnen,
dann fühlen wir uns auch in schweren Zeiten
geborgen und getragen.

Ihr Schatten zeigt sich als Oberflächlichkeit. Venus liebt die Verzauberung: die Umgebung verzaubern und sich selbst verzaubern lassen –

narzisstische Verliebtheit. Sich von anderen verwöhnen lassen, ohne etwas dafür zu tun, bis hin zu unersättlicher Sucht nach Lust und Befriedigung gehören ebenso zu diesem Prinzip wie Sympathie, Antipathie, Anziehung und Abstoßung. (Alles, was wir als unsympathisch oder gar abstoßend empfinden, weist auf etwas in uns selbst hin, das wir nicht annehmen wollen und von uns weisen.) Auch ein Zuviel an Sinnlichkeit, zu große sexuelle Anziehungskraft oder sexuelle Hörigkeit, kann einem venusbetonten Menschen arg zu schaffen machen.

Venus verlangt von uns nichts weiter, als dass wir uns hübsch machen, unseren Charme spielen lassen, uns verwöhnen, alles Schöne genießen und dass wir freundlich und harmonisch zusammenleben. Dies ist jedoch nur möglich, wenn man sich mit all seinen Fehlern und Unzulänglichkeiten akzeptiert, was den meisten schwer fällt. Aber man kann sich nur dann wirklich lieben, wenn man sich so akzeptiert, wie man ist.

Jede Liebe, die an Bedingungen geknüpft ist,
ist unecht, ist wie eine Vergewaltigung –
dies gilt auch für die Liebe zu sich selbst.

Jeder hat Fehler. Die Fehler anderer kann man aber erst dann akzeptieren, wenn man die eigenen kennt und akzeptiert. Dasselbe gilt auch für das Sich-selbst-verwöhnen-können. Wenn man meint, es lohne sich nicht, sich selbst zu verwöhnen und sich mit Schönem zu umgeben, dann überträgt man diese Einstellung auch auf den »launischen« Partner, die »undankbare« Familie usw. Kochen Sie deshalb auch für sich allein etwas Feines, essen Sie am hübsch gedeckten Tisch oder kaufen Sie sich ein »unnötiges« Buch (eine aufreizende Liebesgeschichte), eine CD, ein Schmuckstück, Blumen oder was auch immer. Wenn man sich selbst Schönes und Gutes gönnt und leistet, dann erwartet man es nicht mehr von den andern – Sie werden frei von belastenden Abhängigkeiten.

Wenn wir der Venus gerecht werden wollen,
dann treffen wir nicht nur vom Verstand
diktierte Entscheidungen, sondern folgen auch
unserem Herzen.

Es macht wirklich Spaß und tut gut, wenn Sie den Freitag venusgerecht gestalten. Verwöhnen Sie sich also nach Lust und Laune! Lassen Sie andere daran teilnehmen. Nehmen Sie sich aber auch etwas vor, das nur Sie betrifft. Den Freitag können Sie auch zu Ihrem Freundschaftstag machen – besonders mit Frauen (für Männer ist der Dienstag besser geeignet).

Haben Sie eine feste Beziehung, dann kann es am Freitag nicht romantisch genug zu- und hergehen. (Man sagt ja Frauen nach, dass sie raffiniert seien. Bringen wir Frauen also freitags all unsere Raffinesse ins Spiel.) Ob damit auch die Sexualität ins Rollen kommt, sollte nicht das Wichtigste sein, weil zu hohe Erwartungen diesbezüglich Entspannung, Romantik und Harmonie zunichte machen.

Der Venus untersteht auch der »Nestbau«.
So kann der Freitag der Tag sein, an dem Sie Ihr Heim
besonders schön schmücken, Ihr Badezimmer
in ein Schönheits- und Wellness-Studio verwandeln
und sich ausgiebig mit allerlei Düften, Cremes und Wässerchen
nach Herzenslust verwöhnen.

Der positive Venuseinfluss:

Liebe, Leidenschaft, Anziehungskraft, Beziehungsfähigkeit, Romantik, Feingefühl, Schönheitssinn, Charisma, Neubeginn, Kreativität, Harmonie, Weiblichkeit, Sinnlichkeit.

Der negative Venuseinfluss:

Narzissmus, Oberflächlichkeit, Verführung, falscher Glanz, Eifersucht, Neid, Faulheit, sexuelle Hörigkeit.

Lustwandeln mit der wunderschönen Venus

Venus ist die Göttin des Frühlings, der Gärten, der Liebenden und der Freundschaften. Der Planet Venus, der die Liebe verkörpert, ist der Sonne am nächsten und der glänzendste und hellste aller Sterne, so wie ein liebender Mensch für die Welt ein Licht in der Dunkelheit ist – ein wärmendes, tröstendes und wegweisendes Licht.

Unsere Liebesfähigkeit ist das Kostbarste, das wir haben. Viele Menschen sind ständig auf der Suche nach Liebe, nach jemandem, der sie liebt. Viele sind einsam, traurig, hoffnungslos, weil sie von niemandem geliebt werden oder je geliebt wurden. All diese Menschen wissen nicht, dass der Magnet aller empfangenden Liebe in ihnen selbst ruht. Eine lieblose Kindheit, Ängste, Vorurteile, innere Unruhe, negative Denkmuster oder drückende Sorgen können wohl den Glauben an die Liebe zerstören. Aber wir haben es in der Hand – besser gesagt im Herzen –, die Kraft der Liebe wieder aufzubauen.

Je mehr Sie sich selbst lieben können,
umso mehr Liebe werden Sie empfangen;
und je mehr Liebe Sie schenken,
um so mehr haben Sie zur Verfügung.

Das weiß ich aus Erfahrung. In puncto Liebe habe ich einige bittere Lektionen gelernt. Seit ich jedoch lieben kann, lebe ich in einer Welt, die mir so viel Liebe, Wohlwollen und Freundschaft entgegenbringt, dass ich vor lauter Dankbarkeit und Freude oft weinen muss.

Vergessen Sie nicht, dass es eine universelle Kraft gibt,
die Ihnen das Leben schenkte, eine Kraft,
die Sie liebt, trägt, schützt und Ihnen Geborgenheit gibt.

Auf diese Liebe können Sie sich einstellen und dann spüren Sie sie auch. Venus ist die Überbringerin dieser Kraft. Venus ist die personifizierte Energie der Liebe. Lassen Sie sich in der folgenden Visualisierung von der Venus-Energie erfüllen.

Sie setzen oder legen sich bequem hin und kommen mit 10 tiefen Atemzügen in Ihr Innerstes. Lesen Sie langsam und entspannt den folgenden Text und stellen Sie sich vor:

Sie stehen im Halbdunkel einer Grotte auf einer kleinen Steinbrücke, die über einen dunklen Teich führt. Sie wissen, dass in diesem Teich Reptilien jeder Art leben. Die Reptilien stellen all Ihre Ängste und negativen Gedanken in Bezug auf die Liebe dar. Sie nehmen nun Steine auf und werfen sie den Ungeheuern auf den Kopf. Dann gehen Sie über die Brücke, kommen tiefer in die Grotte und stehen vor einem kupfernen Tor. Sie legen die Hände auf das Metall, atmen einige Male tief ein und nehmen durch Hände und Nase die Energie des Kupfers in sich auf. Das Tor öffnet sich und dahinter liegt ein wunderschöner von Birken umsäumter Garten. Es ist Frühling und die Vögel jubilieren. Sie riechen den Frühling förmlich und lassen sich von den Farben der vielen Frühlingsblumen betören. In der Mitte plätschert ein muschelförmiger Brunnen, der sein Wasser aus einer unterirdischen Quelle bezieht. Sie setzen sich auf den Brunnenrand und betrachten und genießen eine Weile die schöne Umgebung. Nun kommt eine Frau auf Sie zu. Sie trägt ein weißes, wallendes Kleid, das von einem blauen Gürtel zusammengehalten wird, und einen grünen Mantel, ein Blumenkranz schmückt ihr Haar – es ist Venus, die Ihnen nun gegenübersteht. Sie setzt sich zu Ihnen, taucht eine Hand ins Wasser und sagt:

»Wie der Brunnen hier sein Wasser aus einer nie versiegenden Quelle bezieht, gebe ich dir meine Liebesenergie, die ich meinerseits von der unendlichen Quelle des Kosmos beziehe. Das Wasser dieses Brunnens bewässert die Pflanzen dieses Gartens – die kultivierten, aber auch die vielen Wildpflanzen am Wegesrand. Der Brunnen wählt nicht einige wenige aus, denen er sein Wasser zukommen lässt, sondern lässt das Wasser zu allen Pflanzen fließen. Würde er es zurückhalten, könnte kein Wasser mehr nachfließen und das Wasser würde faulen. Bedenke auch du: Je mehr Liebe du bedingungslos verschenkst, um so mehr entwickelt sich die Kraft der Liebe in deinem Herzen. Bitte erzähle mir nun ein wenig, wie es dir geht in puncto Liebe. Wann geht es dir gut? Wo könnte es noch besser sein?«

Sie unterhalten sich mit Venus (fragen oder erzählen, was Sie diesbezüglich bedrückt oder besonders freut). Wenn Sie Fragen haben, dann warten Sie geduldig auf die Antworten. Zum Abschied nimmt Venus Sie in die Arme und Sie spüren eine wundersame Wärme, die von Herz zu Herz strömt und Sie ganz erfüllt. Sie setzen sich danach noch eine Weile unter eine der Birken und denken in aller Stille über Ihre Begegnung mit der Venus nach.

Meditationen für den Freitag

Sinnlichkeit, Schönheit, Muße, Sensibilität, Romantik – all das sind Attribute der Venus. Leider ist der normale Alltag kaum venusbetont – aber freitags können wir Dank unseres reichen Innenlebens und unserer formgebenden Kraft ein wenig davon herbeizaubern. Diesen Zauber können wir vielleicht sogar ansatzweise nach außen bringen, indem wir beispielsweise ein romantisch-sinnliches Bild, einen Strauß Rosen, eine Skulptur oder spezielle Kerzen aufstellen, liebliche Musik hören, romantisches Geschirr verwenden usw. Ist das nicht wunderbar?

Schönheit ist Nahrung für unsere Seele.
Schönheit begeistert und öffnet unsere Herzen.

Wenn wir all unsere Sinne auf das Schöne richten, stärkt uns das auf jeder Ebene. Schönheit und Harmonie bringen all unsere Zellen zum Tanzen. Setzen Sie Ihre Sinne öfter ein, indem Sie bewusst hören, sehen, riechen, schmecken, tasten und spüren. So fördern Sie Ihre Sinnlichkeit, die das Leben bunter und reicher erscheinen lässt und Ihr Glücksempfinden erheblich steigert.

Romantik und Sinnlichkeit genießen

Die folgende Meditation bringt Sie in eine Welt, von der wir alle träumen, ob wir das nun wahrhaben wollen oder nicht – denn die Venus, das liebe Luder, wirkt in jedem.

Sie können die folgenden Bilder stehend, sitzend oder liegend entstehen lassen. Es spielt auch keine Rolle, wie lange Sie dabei verweilen. Nicht auf die Dauer kommt es an, sondern auf die Intensität.

Nehmen Sie Ihre Meditationshaltung ein oder legen Sie sich hin. Daumen- und Ringfingerspitze jeder Hand liegen aneinander.

Stellen Sie sich einen romantischen Lustgarten vor. Er befindet sich hoch auf den Klippen des Meeres und entspricht ganz Ihrem Sinn für Schönheit und Harmonie – ein Ort, an dem Sie gerne einige Minuten, Stunden oder Tage verweilen würden, der Sie erfrischt und all Ihre Sinne weckt. Sie machen hier einen Kurzurlaub und bekommen Abstand vom Alltag. Lassen Sie sich bewusst auf die Formen der Wege, der Blumenbeete, der Teiche, der Skulpturen und Gebäude ein. Sie tauchen ein in die Farben der Pflanzen, in das Rauschen und die Farbschattierungen des Wassers und lassen sich vom Wind zart Ihr Gesicht liebkosen. Genießen Sie in vollen Zügen. Versuchen Sie etwas Schönes zu hören (Musik, Vögel, Wind, rauschendes Wasser) und kosten Sie auch den Duft des Ortes. Sie lustwandeln, tanzen, singen und tragen wunderschöne Kleider. Bleiben Sie eine ganze Weile allein. Dann gesellt sich Ihr Partner bzw. Ihre Partnerin zu Ihnen (dies kann ein »realer« Mensch sein oder eine Gestalt, die Sie in Ihrer Phantasie entstehen lassen). Sie verbringen eine wunderschöne Zeit voller Sinnlichkeit und Romantik. Aber alles hat ein Ende – Ihr Partner bzw. Ihre Partnerin verabschiedet sich von Ihnen mit dem Versprechen wiederzukommen. Und auch Sie versprechen, in spätestens einer Woche wieder da zu sein. Sie bleiben noch eine Weile allein und überlegen sich, wem Sie heute oder am kommenden Wochenende eine besondere Freude machen könnten.

Spiegeltechnik

Die so genannte Spiegeltechnik hilft Ihnen, eine positive Beziehung zu sich selbst aufzubauen und zu stabilisieren, sich selbst so zu akzeptieren, wie Sie sind. Sie hilft auch, die Anforderungen von außen den eigenen Fähigkeiten und Möglichkeiten anzupassen, Schuldgefühle abzubauen usw. Statt sich zu kritisieren, richten Sie Ihre Aufmerksamkeit auf Ihre Stärken.

Sie brauchen zur folgenden Meditation einen Spiegel. Setzen Sie sich davor oder halten Sie ihn in der Hand (lassen Sie die Hand zwischendurch wieder sinken, damit sie nicht ermüdet). Nehmen Sie Ihre Meditationshaltung ein.

Sie betrachten sich nun eine Weile im Spiegel, lassen die Gedanken zu und entlassen sie wieder. Sollten Gedanken der Kritik oder der Ablehnung über Ihr Aussehen, Ihre Schwächen, Ihr Verhalten während der letzten Tage aufkommen, schauen Sie diese Denkmuster etwas genauer an. Dann beenden Sie Ihre Selbstbetrachtungen und atmen danach einige Male kräftig aus. Lassen Sie nun keine Gedanken der Kritik mehr zu und bitten Sie Venus um Hilfe, falls Sie merken, dass Gedanken der Kritik Sie wieder heimsuchen. Überlegen Sie sich nun, wo und wie sich Ihre Stärken zeigen könnten, dann wie und wo Sie Ihre Stärken die nächsten Tage vermehrt zum Einsatz bringen könnten. Wann ist es möglich? Morgens beim Aufstehen, beim Frühstück, vormittags, mittags, nachmittags, abends? Stellen Sie sich ganz konkrete Situationen vor. Bleiben Sie maßvoll, weniger kann mehr sein. Denken Sie nun über typisch weibliche Eigenschaften nach – wie Sie dazu stehen und was sie Ihnen bringen. Wie könnten Sie diese vermehrt einsetzen? Aber in Ihnen steckt auch typisch Männliches: Wie stehen Sie dazu, wie setzen Sie es ein? Was ist in Zukunft daraus zu machen? Forschen Sie noch eine Weile nach unbekannten Stärken in sich. Venus, die in Ihnen wirkt, ist auch die Göttin der Schönheit. Wie äußert sich Ihr Schönheitssinn? Seien Sie sich bewusst: Je mehr Sie Ihre guten Eigenschaften und Stärken, Ihren Sinn für das Schöne und Gute im Alltag ins Spiel bringen, um so mehr kommt es zu deren Entfaltung. Es ist wie bei einem Keimling, der den Boden durchbricht, ans Licht kommt und sich zu einer wunderschönen Pflanze entwickelt. Sagen Sie nun 7mal voller Inbrunst:

»Ich liebe mich so, wie ich bin.
Ich liebe das Schöne und Gute an meinem Äußeren.
Ich liebe das Schöne und Gute in meinem Inneren.
Ich nutze alle Möglichkeiten.
Mein Bestes soll sich voll entfalten.
Reine Schönheit soll aus meinem Herzen leuchten.«

Beenden Sie die Meditation mit einem großen Dankeschön an die universelle Kraft, die Sie so geschaffen hat.

Wenn Sie diese Meditation einige Wochen lang jeden Freitag wiederholen, werden Sie eine richtige Selbst-Entdeckungsreise machen. Denn immer neue Stärken werden Ihnen bewusst werden, die sich dadurch immer mehr entfalten, dass sie auch genutzt werden. Egal, ob Mann oder Frau, wir alle werden älter, und das Leben sollte dabei nicht schwerer, sondern leichter werden. Das erreichen wir durch innere Selbstentfaltung.

Charisma ist das A und O ...

Sie können Ihr Charisma bewusst aufbauen und stärken, denn es ist nur zum kleinsten Teil ein Geschenk der Natur. Charismatische Menschen sind meistens wohlwollend, liebevoll, großzügig und verständnisvoll. Weil sie all diese Eigenschaften in sich tragen, strahlen sie Hoffnung, Vertrauen, Zuversicht, Wohlwollen, Liebe, Leichtigkeit und Licht aus. Solche Menschen können begeistern, weil sie selbst begeisterungsfähig sind, und ziehen andere in ihren Bann. Es gibt leider auch eine verhängnisvoll so genannte schwarzmagische Ausstrahlung bzw. Anziehung, die zerstörerisch auf andere wirkt, aber davon ist hier selbstverständlich nicht die Rede.

Die folgende Meditation ist eine meiner liebsten. Wenn ich selbst einmal ein Tief habe, dann wirken ein Glas Wasser und diese Meditation Wunder. Gerne mache ich sie – entsprechend abgewandelt – auf dem Weg zur Arbeit, im Zug, in einem Café. Einfach dort, wo Menschen sind.

Wenn Sie zu Hause sind, nehmen Sie wie üblich Ihre Meditationshaltung ein oder legen sich hin. Daumen- und Ringfingerspitze jeder Hand liegen aneinander. Stellen Sie sich vor:

Sie sitzen inmitten von Menschen. Die Gesichter nehmen Sie vorerst nur verschwommen wahr. Auf Ihrem Kopf befindet sich ein kupferfarbener Trichter. Sie atmen ein, nehmen mit dem Trichter Energie in Form von Licht auf und lassen sich während der kurzen Pause nach dem Einatmen von diesem Licht ganz erfüllen. Sie atmen wieder aus und aus allen Poren Ihrer Haut entweicht Rauch – Ihre verbrauchte Energie. Atmen Sie auf diese Weise 3mal.

Nun atmen Sie wieder tief ein und nehmen Lichtenergie durch den Scheitel auf, lassen sich wieder von Energie erfüllen und sehen sich als strahlenden Lichtkörper. Alle Zellen leuchten, als wären in allen Räumen Ihres »Körperhauses« die Lampen angezündet. Sie sammeln nun einen Teil des Lichts im Herzen und richten das Licht wie einen Laserstrahl auf einen der anwesenden Menschen. Sie atmen aus und lassen ihm die Energie zufließen. Wenn es jemand ist, den Sie kennen, lassen Sie sein Gesicht kurz deutlich werden. Er oder sie lächelt Ihnen dankbar zu. Machen Sie so lange weiter, wie Sie mögen. Seien Sie großzügig, lassen Sie auch Nachbarn, Arbeitskollegen und Unbekannte von Ihrer Energie profitieren. Ihre Energie ist genau das, was die Empfangenden brauchen. Vielleicht lassen Sie einem Menschen gleich mehrere Energiestöße zukommen. Bleiben Sie mit klarem Kopf und vollem Herzen dabei. Achten Sie darauf, dass Sie die Pause nach der Einatmung einige Sekunden einhalten, sonst geben Sie zu viel Energie ab. Sagen Sie nun 7mal voller Inbrunst:

»Die Herrlichkeit und Fülle des unendlichen Bewusstseins
wird in mir und in dir und in all unseren Angelegenheiten
zum Ausdruck gebracht.«

Beenden Sie die Meditation mit einem Dankeschön für alles was Sie geben und empfangen dürfen.

Die meisten Stimmungstiefs entstehen, weil der Energiefluss blockiert ist. Dem wirkt diese Meditation entgegen. Bringen Sie diese Meditation einem kranken, trauernden oder depressiven Menschen als Geschenk mit. Sie hilft, weil sie auf dem Prinzip von Geben und Empfangen aufgebaut ist. Wir können nur so viel empfangen, wie wir zuvor gegeben haben.

Mudra – Stress ade

Können Sie sich eine gestresste Venus vorstellen? Oder jemanden, der trotz Stress und Hektik Charisma, Sinnlichkeit und Erotik ausstrahlt? Wie viele schöne Stunden des Lebens gehen verloren, weil wir nicht mehr die Muße und die Ruhe haben, das Schöne und Beglückende zu kosten und zu genießen. Der folgende Mudra-Zyklus entspannt und schenkt Ihnen Gelassenheit, Zufriedenheit und Harmonie.

Setzen Sie sich mit geradem Rücken auf einen Stuhl. Die Fußsohlen sind flach auf dem Boden und die Handinnenflächen liegen auf den Oberschenkeln. Den Kopf lassen Sie locker nach vorn hängen. Einatmend heben Sie Kopf, Hände und Füße etwas an. Sehr langsam ausatmen, dabei lassen Sie Kopf, Hände und Füße wieder sinken. 7 bis 14mal wiederholen. Sagen Sie dabei:

»Jede unnötige Anspannung
löst sich auf wie das Salz im Wasser.«

Bei jeder Hand legen Sie den Daumen an die Wurzel des Zeigefingers, schließen die Hände zu Fäusten und halten die Fäuste etwa zwei Fingerbreit unterhalb des Nabels an den Bauch. Halten Sie die Hände während einiger Atemzüge so, denn diese Geste begünstigt das Kräftesammeln. Sprechen Sie dabei:

»Meine Lebenskraft und Liebesfähigkeit entwickeln sich.
Ich sehe das Schöne und kann es in vollen Zügen genießen.«

Nun strecken Sie die Zeigefinger, legen sie aneinander, heben die Hände zum Brustbein und sagen mehrmals im Rhythmus des Atems:

»Harmonie und Frieden erfüllen mein Herz,
meinen Geist und jede Zelle meines Körpers.«

Zum Schluss legen Sie beide Hände – Daumen und Ringfinger liegen dabei aneinander – auf die Oberschenkel und verweilen noch einige Minuten in der Stille. Sie beobachten den Atem in dem Wissen, dass das Herz (Gemüt) mit neuer Energie aufgeladen wird, wenn der Kopf (denkender Geist) leer ist. Es wird Ihnen leicht ums Herz, wie man so schön sagt.

»Die Liebe des universellen Bewusstseins
ist meine innewohnende ewig sprudelnde Quelle.«

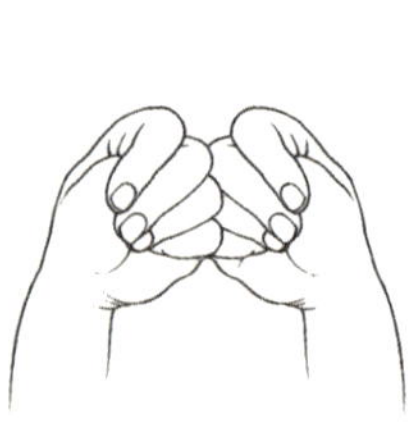

Offenen Herzens die Welt erobern

Praktizieren Sie diese Atemtechnik, bevor Sie freitags ausgehen. Sie hilft Ihnen, den Menschen offenen Herzens und ohne Furcht zu begegnen.

Sie setzen sich gerade hin,

- halten die Hände in Gebetshaltung an die Stirn, so dass die Daumenballen an der Stirn aufliegen und die beiden Unterarme einander berühren.
- Sie atmen ein, lösen die Hände und führen die angewinkelten Arme zur Seite, so weit es geht.
- Sie halten den Atem einige Sekunden an,
- atmen wieder aus und führen die Hände wieder zur Stirn.
- Mehrmals wiederholen.

Ich stärke mir den Rücken!

Der Venus sind die Nieren und das Harnsystem zugeordnet. Die Nieren wie auch der Blasenmeridian beeinflussen maßgeblich die Rückenenergie, die sexuelle Energie und im seelisch-geistigen Bereich schenken sie das Gefühl der Geborgenheit. Die folgende Übungsreihe lockert, entspannt und stärkt die Rückenmuskulatur, aktiviert die Rückendurchblutung, stärkt die Nieren, bringt den Blasenmeridian zum Fließen und aktiviert die sexuelle Energie. Ein starker Rücken gibt uns den besten Rückhalt in jeder Lebenssituation.

Kriechgang

Vierfüßlerstand; ein Bein überkreuzt vor das andere setzen und so lange vorwärts und rückwärts kriechen, bis Sie angenehm müde sind.

»Glaube und Hoffnung bestimmen mein Leben.«

Katzenstrecken

Vierfüßlerstand; einatmen; den rechten Arm und das linke Bein heben und strecken, zugleich auch den Kopf heben. Ausatmen; rechte Hand wieder aufstellen, Kopf senken, das linke Knie zur Stirn führen und danach wieder abstellen. Einatmen; den linken Arm und das rechte Bein heben usw. 8mal wiederholen.

»Der heutige Tag ist ein Geschenk,
ich mache das Beste daraus.«

Heuschrecke

Die Hände liegen unter den Leisten (das aktiviert den Nierenmeridian). Einatmen – das rechte Bein heben. Ausatmen – das Bein wieder senken. Danach das linke Bein ... 6mal im Wechsel wiederholen. Danach 3mal beide Beine heben und senken.

»Ich spanne an und lasse los;
und ich arbeite und genieße –
alles im richtigen Maß und zu seiner Zeit.«

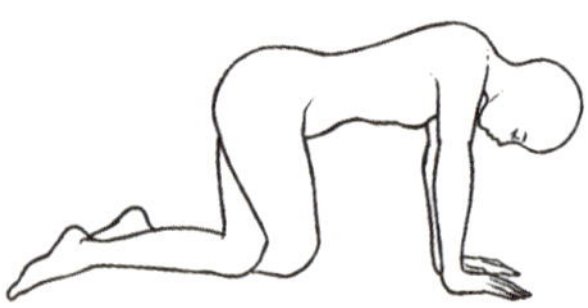

Kriechgang

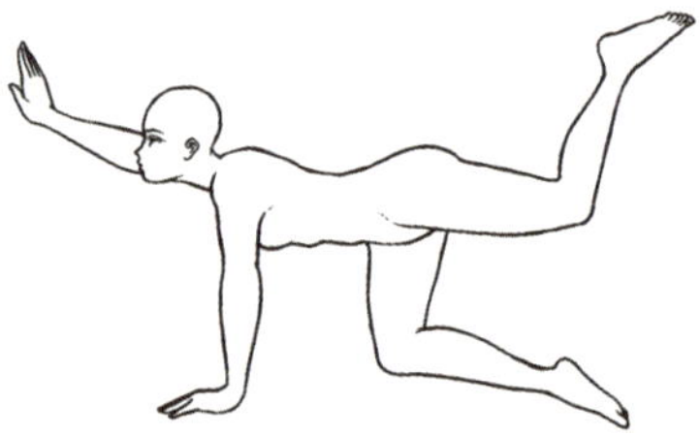

Katzenstrecken

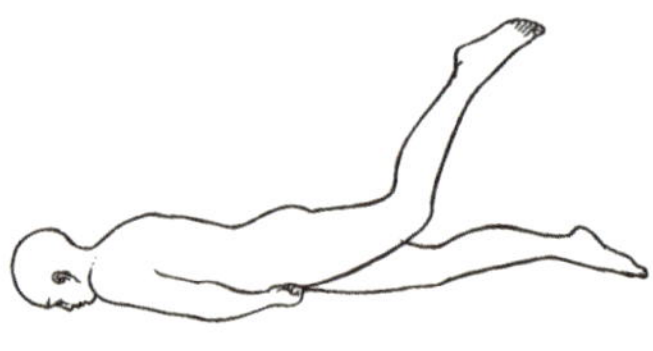

Heuschrecke

Kobra

Die Schultern nach oben und nach hinten rollen, die Schulterblätter zusammenpressen. Richten Sie sich mit der Kraft des oberen Rückens auf, und öffnen Sie dabei den Brustbereich. Halten Sie die Stellung 10 Atemzüge lang.

»Ich vertraue der Kraft meiner Seele –
beherzt blicke ich in die Welt.«

Ruhender Frosch

Abgebildete Position einnehmen, in den Rücken atmen und sich vorstellen, wie bei jedem Einatmen der Rücken noch etwas länger wird. Bleiben Sie 15 Atemzüge lang entspannt in der Haltung. Mit jedem Ausatmen lassen Sie sich noch mehr in die Entspannung sinken.

»Innerer Frieden erfüllt mein Herz.«

Hund

Arme und Beine sind möglichst durchgestreckt. Fersen und Handgelenke kräftig auf den Boden pressen und das Gesäß himmelwärts strecken. Zeigen Sie die Kraft, die in Ihnen steckt. Knurren Sie dabei wie ein Hund. Das tut gut. Halten Sie die Stellung, solange Sie können.

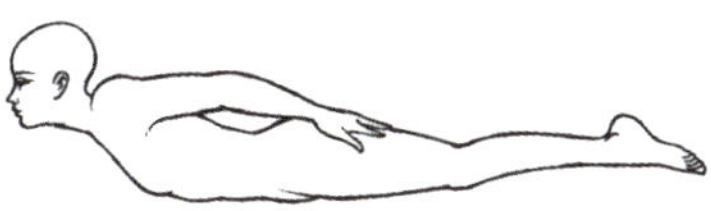

Kobra

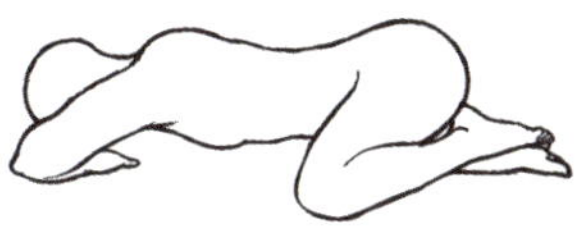

Ruhender Frosch

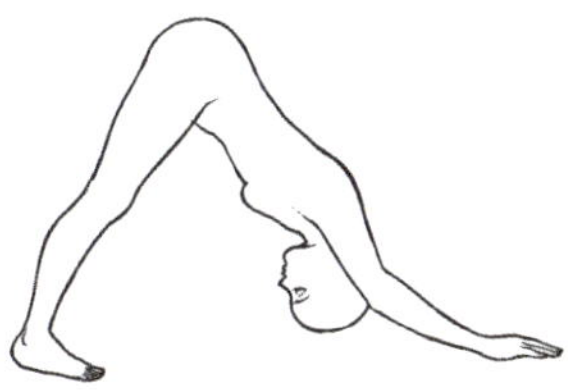

Hund

»Mein inneres Kraftpotenzial steht mir
überall und jederzeit zur Verfügung.«

Ruhen Sie danach noch einige Minuten in der Rückenlage.

»Ich bin offen für alles Schöne,
es soll mich erfüllen – es soll mich erfreuen.«

Es grünt so grün ...

Die Farbe der Venus ist Grün, die Komplementärfarbe ist Rot. Grün ist die Farbe der Natur und des Herzens. In Grün steckt eine innere Kraft, die sich nach außen ausdrücken will – wie das Keimen und Sprießen in der Natur. Grün wirkt wohltuend, entspannend, ausgleichend und steht allgemein für Wachstum, Erneuerung, Harmonie, Großzügigkeit, Anpassung und kooperative Zusammenarbeit.

Auf der körperlichen Ebene wirkt Grün entspannend auf das sympathische Nervensystem und beeinflusst positiv die Funktionen von Herz und Lunge.

- Schaffen Sie sich in Ihrer Wohnung eine Ecke in Grün, wo Sie sich entspannen und zur Ruhe kommen können.
- Schmücken Sie Ihr Heim mit grünen Zweigen, mit Blumen und Früchten.

Musik berührt die Tiefe meiner Seele

Die Musik der Venus ist romantisch. Welche Schlager waren »in«, als Sie sich das erste Mal verliebten? Welche Musik regt all Ihre Sinne an?

Die berühmtesten Komponisten litten oft an Liebeskummer, weil keine Frau aus Fleisch und Blut ihrem Ideal standhalten konnte oder die Begehrte schon vergeben bzw. unerreichbar war. In diesen schmerzlichen Zeiten voller Liebeskummer wurde die zauberhafteste

Musik komponiert – Musik mit einem Hauch von Schmerz, Traurigkeit und unerfüllter Sehnsucht, die die Tiefen unserer Herzen berührt.

Ein ergreifendes Liebesdrama unter vielen anderen ist die Oper Orpheus und Eurydike von Christoph Willibald Gluck. Ilse Arnold schreibt dazu: »Es ist Musik, die mich in die tiefsten Gründe meiner Seele führt, die mich weinen lässt voller Schmerz und Friede, die mich in tiefste Verzweiflung stürzt, aber auch in höchste selige Verzückung hebt, mich die Süße der wahren Liebe erahnen und mich erschaudern lässt.« Gluck selbst sagte: »Ich betrachte die Musik nicht nur als eine Kunst, die das Ohr ergötzt, sondern als eines der größten Mittel, das Herz zu bewegen und Empfindungen zu erzeugen.«

Alle Paartänze, ob Walzer, Tango, Cha-Cha-Cha oder Rock'n' Roll sind der Venus unterstellt.

Zur Venus passt auch alles, was »swingt« und schwingt: Musicals, Operetten, amerikanische Schlager der 40er bis 60er Jahre und natürlich auch die modernen Liebeslieder (zum Beispiel von Madonna). Ein typischer Venus-Pianist ist Eroll Garner. Venus liebt neben dramatischem Liebesepos die leichte Muse – und davon kann sie nie genug bekommen.

In sinnliche Duftsphären tauchen

Jasmin (Blüten), Geranie (Blätter) und Sandelholz (Kernholz) sind Düfte der sinnlichen Venus. Jasmin ist wie ein Schlüssel zum Paradies: Er öffnet uns für die Sinnlichkeit und den Optimismus und sorgt für Harmonie. Geranie ist lieblich weich und schützend: Sie vertreibt negative Gedanken, hebt die Stimmung und öffnet die Augen für die schönen Seiten des Lebens. Sandelholz ist ein Trostspender bei Traurigkeit, ein Mutmacher bei Sorgen, ein Wärmespender bei Gefühlskälte.

- Gönnen Sie sich ein entspannendes, sinnliches Duftbad. Sie geben je 12 Tropfen in eine Tasse Vollmilch oder Sahne und mischen diese in das fertig eingelaufene Badewasser. Gut für die Schönheit der Haut ist die Beigabe von etwa 1 l Molke.

- Stellen Sie Ihr eigenes erotisches Parfüm her. Mischen Sie in 25 ml Weingeist oder Jojobaöl je 10 Tropfen der Venus-Mischung oder Ihrer Lieblingsdüfte.
- Parfümieren Sie Ihr Briefpapier mit einigen Tropfen Ihrer Wahl, je nachdem, für wen der Brief bestimmt ist.

Magie der Venus-Steine

Opal, Rosenquarz und Aquamarin passen zur Venus. Opal tut der Stimmung gut und lenkt die Sinne auf die bunten Seiten des Lebens; Rosenquarz öffnet das Herz und schützt es gleichzeitig, Aquamarin harmonisiert und klärt unser Wesen.

- Legen Sie abends einen dieser Steine unter Ihr Kopfkissen oder in Ihre persönliche Wohlfühl-Ecke.

Kupfer, das Metall der Venus, gilt als Glück bringendes Metall, und man sagt, dass es Liebe, Freundschaften und Erfolg anzieht.

Es lebe das Weibliche ...

- Schlüpfen Sie doch einmal in diverse Frauenrollen: Setzen Sie ein Mona-Lisa-Lächeln auf, spielen Sie eine Amazone, eine Hexe, eine Karrierefrau, eine Verführerin, ein graues Mäuschen usw. – am besten, wenn Sie allein sind, dann können Sie sich hemmungslos der Rolle hingeben. Später können Sie ja dann mit Publikum üben.
- Wie wär's mit grüner Seidenunterwäsche?
- Eine gründliche Pobacken-Massage soll angeblich die Östrogen-Ausschüttung aktivieren – also los!
- Aktive und gesunde Nieren sind nach Erkenntnissen der chinesischen Medizin maßgeblich an der Produktion von sexueller Energie beteiligt. Nebenbei schenken sie auch Ruhe, Geborgenheit und Selbstsicherheit. Der Nierenmeridian wird angeregt, wenn Sie einen Tennisball unter Ihrem Fuß vor- und rückwärts rollen.

Mango-Molke macht froh

Alle Zutaten sind echte Stimmungsbomben. Tausendsassa Mango ist ein idealer Fatburner, entwässert und regt die Verdauung an. Die Kombination von Kalium und Magnesium hilft bei Stress, Muskelkrämpfen und Übersäuerung. Vitamine der B-Gruppe stärken die Nerven und eine ausgewogene Kombination von Aminosäuren sind eine ideale Nahrung für das Gehirn. Sie steigern die Konzentrationsfähigkeit und Gedächtnisleistung.

6 getrocknete Mangoschnitze etwa 1 Stunde in 250 ml warmes Wasser einlegen. Mangoschnitze plus Wasser, einer Banane, 250 ml Molke, 1 TL Sanddornsaft und Saft einer Zitrone im Mixer zu einem cremigen Drink mixen. Reicht für 6 Portionen.

Hafer macht unternehmungslustig

Hafer war einst der Grundstock unserer Ernährung. Das in England so beliebte Porridge ist noch ein Nachklang jener Zeit. Um die Verdaulichkeit und den vollen Nährwert des Hafers zu erhalten, sollte das bei uns bekannte und beliebte *Müsli* mit Wasser oder Mineralwasser angerührt werden. Milch oder Yoghurt sollte erst danach beigegeben werden. Hafer ist reich an Kalzium, Eisen, Magnesium, Vitamin B1, das für den Stoffwechsel der Nervenzellen von lebenswichtiger Bedeutung ist, und Vitamin E, dem so genannten Fruchtbarkeits- und Verjüngungsvitamin. Hafer sorgt für ein gesundes Darmmilieu, indem es die Giftstoffe aufnimmt, die Säureverhältnisse steuert und die Darmbewegung anregt. Hafer regt die körperliche Leistungsfähigkeit an, stärkt das Durchhaltevermögen und die Widerstandskraft. *Hafergrastee* beruhigt die Nerven und lindert trockenen, hartnäckigen Husten, aber auch Pseudokrupp bei Babys.

Die antidepressive Wirkung des Hafers äußert sich in einer gehobenen, heiteren und unternehmungslustigen Stimmung mit Aktionsdrang. Wenn dieser Zustand bei jemandem extrem wird und zu Übermut führt, sagt man nicht umsonst »Der Hafer hat ihn gestochen.« Aufgrund dieser aktionsfördernden Wirkung ist Hafer das Geheimnis vieler Spitzensportler. Er sorgt aber auch für geistige Spitzenleistungen. Hafer weckt auf, macht neugierig und begeisterungsfähig. Dies alles sind bestimmt genügend Gründe, die belegen, warum ein Haferflocken-Müsli morgens rundum gut tut.

Haferkonfekt – köstlich süß

Statt Süßigkeiten zum Kaffee kann auch ein Haferkonfekt gereicht werden. Es ist gesund und auch schnell zubereitet. Die »Guetzli« sind für große und kleine Kinder die reinsten Leckerbissen!

200 g Butter in einer großen Bratpfanne schmelzen, 120 g Rohzucker, 4 EL Melasse oder Honig, 1/4 TL Salz beigeben und bei schwacher Hitze gut vermischen, von der Herdplatte nehmen. 400 g Haferflocken beigeben, gut mischen.

Masse auf viereckiges Backblech (29 x 43) geben, 1 cm dick verstreichen und glatt drücken. Backofen vorheizen. 10–15 Minuten bei mittlerer Hitze (180 Grad) auf mittlerer Schiene backen.

Kurz auskühlen lassen, aber noch warm in kleine Vierecke, in Guetzli, schneiden.

Variante I: Nach Belieben können 120 g grob gehackte Nüsse oder Mandeln beigegeben werden.

Variante II: 1 TL Nelkenpulver, 2 TL Zimt, 1 Messerspitze Muskat in die flüssige Masse geben.

Variante III: abschmecken mit Ingwer, Kardamom oder Koriander

Variante IV: klein gehackte Datteln, Feigen, Pflaumen oder Aprikosen beigeben

Hafer-Auflauf

6 mittelgroße Äpfel vierteln und in Scheiben schneiden, mit 5 EL gemahlenen Nüssen und 2 EL Rohrzucker mischen.

1 große Tasse Haferflocken mit 2 EL Zucker in der Bratpfanne rösten. Apfelmasse und Flocken lagenweise in eine mit Butter gefettete Auflaufform füllen.

3 Eier mit 1 Tasse Milch und einer Prise Salz verquirlen, darüber gießen und etwa 40 Minuten bei mittlerer Hitze überbacken.

Gute-Laune-Food

Essen Sie sich glücklich! Die Favoriten sind neben Hafer und Reis alle Gemüse mit dunkelgrüner und roter Farbe und die Gewürzkräuterchen aus dem sonnigen Süden.

Wie wär's mit einem bunten Salatteller, plus einer Avocadoscheibe, gebratenen Rosmarinkartoffeln und einer feinen Sauerrahm-Sauce (Sauerrahm mit Gewürzen und Sojasauce mischen)?

Wichtig ist auch, wie Sie essen: Langsam kauen aktiviert die Ausschüttung der Wohlfühlhormone.

Tipps für den Freitag

- Leisten Sie sich ein wenig Luxus.
- Gönnen Sie sich freitags etwas ganz Besonderes.
- Kaufen Sie sich etwas Schönes zum Anziehen oder um sich zu schmücken.
- Leisten Sie sich eine kosmetische Behandlung. Ganz der Venus entsprechend jedoch nichts, was Ihnen weh tut (bitte keine Haarentfernung oder kosmetischen Eingriffe, die schmerzen).
- Gehen Sie zu einem guten Friseur.
- Gönnen Sie sich eine Massage oder eine Yoga-Stunde.
- Besuchen Sie eine Kunstausstellung.

- Wie wär's mit einem Besuch im botanischen Garten?
- Rufen Sie Ihre Freundin/Ihren Freund an.
- Schreiben Sie einen Brief auf ganz besonderem Papier.
- Genießen Sie die Zeit im Grünen (Garten, Balkon, Stadtpark usw.)
- Gönnen Sie sich einen Liebesfilm oder einen Liebesroman.
- Probieren Sie es doch einmal mit einem Bauchtanz.
- Gestalten Sie einen sinnlichen Abend.
- Machen Sie sich besonders schön und gehen Sie tanzen.
- Flirten Sie heute, was das Zeug hält.
- Verschenken Sie Blumen.

Ein-Minuten-Ritual

Stellen Sie einen Zweig mit Knospen oder eine einzelne Rose in ein Glas Wasser. Sprechen Sie dabei:

Ich liebe die Schönheit des Lebens,
und lasse mich von ihr betören und begeistern.

Lasst uns Pfade gehen,
die zu großen Horizonten führen.
Carl Jacob Burckhardt

Samstag – Weg der Innenschau und Grenzüberschreitung

Dem Samstag wird der Saturn zugeordnet. In alten Schriften und im Volksbrauchtum wird Saturn auch mit dem Sensenmann, dem Gevatter Tod oder Satan in Beziehung gebracht. Satan ist die Kraft, die uns mit dem Dunklen und Schweren, mit dem Materiellen und mit dem Tod verbindet. Satan verkörpert andrerseits auch Luzifer, den Lieblingsengel Gottes, den Lichtbringer, der in die Verdammnis verbannt wurde. Licht und Dunkelheit gehören als Gegenpole zusammen und das eine kann nur durch das andere existieren. So verkörpert Saturn einerseits die Macht der Dunkelheit und andererseits die Macht des Lichts.

Saturn ist ein dunkler Geselle und kann durch seine Strenge und Ernsthaftigkeit den Menschen arg bedrängen. Aber er kann ihn auch vor vielem bewahren, was zunächst verlockend aussieht und doch nicht hält, was es verspricht.

Saturn kann dem Menschen den Weg aus tiefster Dunkelheit
und Schwere zum Licht zeigen und ihm wie kein anderer helfen,
seinen Lebenssinn zu erfüllen.

Saturn ist der Hüter der Schwelle zu höheren Dimensionen – mit ihm schaffen wir den Durchbruch in neue Welten.

Saturn ist der Herrscher über die Zeit, beispielsweise über die Lebensdauer und das Alter. Wie Altern, Verfall und Tod gefürchtet und aus den Gedanken der Menschen verbannt werden, so wird auch die Macht des Saturn gefürchtet. Wenn wir aber das Altern und den Tod akzeptieren, können wir uns Saturn zum Verbündeten machen. Dann hilft er uns, einen schönen Lebensabend zu gestalten und einen würdigen Tod zu sterben.

Auch wenn man noch nicht »alt« ist, ist es wichtig, sich mit diesem Thema auseinander zu setzen. Wer oder was wäre zum Beispiel jetzt in diesem Moment für Sie noch von Bedeutung, wenn Sie nur noch einen Tag, eine Woche oder ein Jahr zu leben hätten? Was würden Sie ändern?

Der Samstag ist der letzte Tag der Woche und was wir während der Woche aus Zeitgründen nicht schafften, können wir samstags noch erledigen. Wir können den Samstag vertrödelnd hinter uns bringen oder bewusst gestalten – ebenso auch unseren Lebensabend.

Viele machen den Samstag zum Einkaufstag und das entspricht der Energie des Saturn voll und ganz, denn wie beim Jupiter geht es auch hier um das Materielle. Aber jetzt wird nicht aus lauter Freude etwas angeschafft, sondern weil das Materielle und auch das Geld vermeintliche Sicherheit vermitteln. Sparen für den Lebensabend mag zwar sinnvoll sein, ist aber keine Gewähr für das Glücklichsein.

Die Stärken des Saturn,
die uns hier und jetzt zur Verfügung stehen, sind
Ausdauer, Disziplin, Beständigkeit und Härte.

Saturn schenkt uns die Ausdauer, die uns befähigt, etwas durchzustehen, sowie eine wohltuende Beständigkeit und Disziplin, die uns inneren Halt geben, und eine gewisse Härte, die uns für das Leben widerstandsfähig macht. Er erzeugt auch die Verlangsamung, die uns zwingt, innezuhalten und nachzudenken. Jeder Veränderung stellt sich Saturn in den Weg. Er zwingt uns, nochmals hinzuschauen, zwingt uns, gegebenenfalls etwas abzubauen oder sich auf das Neue besser vorzubereiten. Er hat seine liebe Mühe mit allem Neuen und mit dem Fremden. Und doch treibt er uns an, Grenzen zu sprengen und Neues zu wagen.

Saturn steht auch für das Schaffen von Abgrenzungen. Oft müssen wir uns abgrenzen, uns hin und wieder von der Umgebung abschotten, besonders wenn wir das Alleinsein brauchen oder weitere Belastungen nicht mehr annehmen wollen oder können. Am Samstag wegfahren, um der gewohnten Umgebung zu entfliehen, um wieder aufzutanken und über das Wesentliche nachzudenken, kann wie Balsam sein für Körper, Geist und Seele. Überbordet aber die Abgrenzung, dann kann ein Rückzug aus der Welt auch zur Sucht und Flucht werden oder eine kleine Einfriedung zu einem hohen Turm, in dem man sich versteckt und sich so von der Außenwelt abtrennt. Dadurch wird sie immer fremder und man fängt an, sich mehr und mehr vor ihr zu fürchten. Besonders übers Wochenende fühlen sich viele einsam oder trauen sich nicht mehr unter die Menschen.

Allgemein obliegen »Grenzen« Saturn. Er ist der letzte mit bloßem Auge sichtbare Planet – er ist wie ein Grenzstein zwischen der sichtbaren und der unsichtbaren Welt. Grenzen werden heute meistens negativ als Hindernisse, Widerstände und Beschränkung betrachtet. Das muss jedoch nicht so sein, denn Grenzen geben einer Sache erst Struktur und Form.

Begrenzungen und Abgrenzungen bringen Tiefe
in unser Leben; Hindernisse und Widerstände
festigen und stärken uns, wenn wir sie akzeptieren,
überwinden und durchbrechen.

Auch ich tue mich schwer mit Hindernissen und Widerständen. Geduld wurde mir nicht in die Wiege gelegt. Aber rückblickend kann ich sagen, dass ich immer zuerst einen Schritt zurückgehen musste, um danach noch weiterzukommen als je zuvor.

Geben Sie nicht auf, wenn Sie etwas bremst oder sogar zurückschlägt. Halten Sie inne, denken Sie nach. Vielleicht ist das, was Sie wollen, nicht gut für Sie, dann geben Sie auf. Vielleicht bringt der neue Anlauf etwas ganz Großes ins Rollen – dann preschen Sie vor. Ich drücke Ihnen die Daumen!

Eine gewinnbringende Eigenschaft ist auch die saturnische Konzentration. Die Konzentration auf weniges oder nur auf eine einzige Sache bringt Tiefe und Vollkommenheit. Die Konzentration auf das Wesentliche und die Aussonderung von Unwesentlichem kann sehr entlastend und befreiend sein, kann Schwere in Leichtigkeit verwandeln. Der Perfektionismus, der zum Saturn gehört, kann allerdings vieles wieder zerstören.

Zum Saturn gehört das Gefühl des Schicksalhaften, dem man nicht ausweichen kann, das man aushalten muss, wie man oft irrtümlicherweise meint. Mit dieser Einstellung verpasst man allerdings die Gelegenheit, nach Lösungen zu suchen. Warum nicht eine ruhige Minute am Samstag dafür reservieren?

Saturn wird auch in Bezug gesetzt zum biologischen Vater oder dessen Archetyp. Für ein Kind ist der Vater die Person, die die Außenwelt mit ihren Gesetzen und Verhaltensvorschriften verkörpert. Das Kind lernt, wie es sich verhalten muss oder was es braucht (auch Statussymbole), damit es von der Gesellschaft anerkannt wird. Als Lohn wird ihm ein Gefühl der Geborgenheit und Zugehörigkeit vermittelt. Gesellschaftsstrukturen können aber auch einengen, wenn die Tradition zu feste Formen annimmt.

Saturn obliegt die Erstarrung –
im Menschen wie auch in der Gesellschaft –
und das Zerbrechen erstarrter Strukturen.

Es ist kein Zufall, dass gerade in der Samstagnacht so viele Gewalttaten begangen werden oder brave Bürger ihr Geld verprassen. Vor einigen Jahrzehnten war es noch üblich, dass junge Burschen sich samstags rauften und der eine oder andere im Dorfbrunnen landete. Am Sonntagmorgen saßen sie dann wieder friedlich zusammen auf der Kirchenbank.

Saturn wird auch vielfach als der Gebieter über das Karma, das Prinzip von Ursache und Wirkung bezeichnet. So gehen auch heute noch Katholiken gerne am Samstag zur Beichte. Saturn bestraft nicht, er lässt uns vielmehr alles, was wir durch negatives Denken, Sprechen und Handeln ausgelöst haben, an uns selbst erleben, erfahren.

Saturn zwingt uns, die Spielregeln des Universums
zu akzeptieren und die Konsequenzen daraus zu ziehen.

Wann und wie dies geschieht, ist ein Mysterium, das uns oft verborgen bleibt. Dass es geschieht, ist so sicher, wie der Planet Saturn am Himmel steht.

Saturn herrscht über das Grobstoffliche wie auch über die Gesellschaft. Wir haben dieses Leben gewählt, haben uns in das Grobstoffliche inkarniert, uns eine bestimmte Gesellschaft ausgesucht, um unsere Dienste dort zu leisten. Unsere spirituelle Aufgabe besteht darin, Materie und Gesellschaft zu transformieren. Anders ausgedrückt: Wir sollten selbst ein Lichtbringer sein in unserer Welt, in der inneren und äußeren, in unserer kleinen wie auch in unserer großen Welt.

Saturn zeigt uns den besten und effektivsten Weg zur Verwirklichung dieser Lebensaufgabe. Er schenkt uns eine umsichtige und überlegte Lebenshaltung, die nötige Konzentration, Ausdauer und Disziplin, bei einer Sache zu bleiben und sie zu vollenden, und schenkt uns schließlich tiefste Freude und Frieden.

Zum Saturn gehören auch Reinigung und Läuterung. Früher wurden samstags Haus und Hof gründlich geputzt und man ging zur Beichte.

Samstag ist der Tag, um innerlich und äußerlich aufzuräumen,
Wochenrückblick zu halten, uns und andern wenn nötig zu vergeben,
uns für unsere Leistungen zu loben und zu belohnen.
Fragen Sie sich, was Sie nächste Woche besser machen wollen.
Werfen Sie Altes, Überflüssiges über Bord und
durchschreiten Sie leichten Herzens das Tor zur kommenden Woche.

Der positive Saturneinfluss:
Disziplin, Treue, Ausdauer, Beständigkeit, Härte, Vorsicht, Macht, Verlangsamung, Schutz, Rationalismus, Abgrenzung, Verdichtung, Konzentration, Perfektion, Vollkommenheit. All diese positiven Begriffe können durch ein kleines bisschen Zuviel ins Negative kippen.

Der negative Saturneinfluss:
Furcht, Beklemmung, Geiz, Materialismus, Beschränktheit, Konservatismus, Kritiksucht, Dramatik, Vorurteil, Enttäuschung, Stagnation, Isolation, Trauer.

Saturn lädt höflichst ein …

Es gibt ein archetypisches Bild, das in den Märchen aller Kulturen vorkommt: der Held, der an einem Tor steht und nur eingelassen wird, wenn eine Aufgabe gelöst und alter Ballast abgeworfen wurde – und wenn das Herz rein ist.

Auch wir kommen öfter an neue Tore in unserem Leben, sei es, weil ein neuer Lebensabschnitt beginnt, eine neue Herausforderung an uns gestellt wird oder wir einfach unser Leben – die kommende Woche – neu gestalten möchten oder »müssen«. Es ist sinnvoll, wenn Sie dann innehalten und sich fragen, was das Beste für Sie ist. Ihr innerer Saturn berät Sie gerne, wenn Sie bereit sind zuzuhören.

Sie setzen oder legen sich bequem hin und kommen mit 10 tiefen Atemzügen in Ihr Innerstes. Lesen Sie langsam und entspannt den folgenden Text und stellen Sie sich vor:

Sie machen eine Wanderung durch einen dunklen Wald und sind von dem unendlich langen, nicht enden wollenden Marsch müde und schmutzig. Sie tragen einen schweren Rucksack, der Sie drückt, und Sie kommen nur schleppend voran. Sie kommen an eine Mauer mit einem gigantischen Tor aus Blei. Sie klopfen an, setzen sich hin und warten. Nun kommt ein schnittiger Wagen dahergefahren. Vor dem Tor hält er, die Wagentür wird geöffnet und ein wunderschöner, etwas verwegen aussehender Mann steigt aus (sind Sie männlichen Geschlechts, stellen Sie sich eine wunderschöne verführerische Frau vor). Die Gestalt kommt auf Sie zu und sagt: »Komm, steig in meinen Wagen. Wir wollen uns eine schöne Zeit machen. Sag mir einen Wunsch, ich werde ihn dir sofort erfüllen.« Sie fragen: »Und was wird mich das kosten?« »Alles ist gratis!«, antwortet er. Sie fragen zurück: »Wird mich die Erfüllung des Wunsches glücklich machen?« Es gibt einen Knall und Person und Wagen haben sich in Luft aufgelöst. Das Tor öffnet sich, ein Mann mit weißen Haaren, gütigen weisen Augen und liebevollem Lächeln steht darunter – Sie stehen Saturn gegenüber. Er heißt Sie willkommen und setzt sich mit Ihnen auf die Bank direkt neben dem Tor. Er sagt:

> »So schmutzig wie du bist, kann ich dich nicht einlassen. Geh ein kleines Stück des Weges wieder zurück, dann nach links, dort findest du einen Brunnen, wo du dich waschen und dein Gewand säubern kannst. Nimm nur so viel im Gepäck mit, wie du wirklich brauchst, denn alles wird hier in meinem Reich 7mal schwerer wiegen.«

Müden Schrittes gehen Sie also wieder zurück, finden den Brunnen und waschen sich gründlich, Ihre Müdigkeit verschwindet. Sie öffnen Ihren Rucksack, um zu sehen, ob Sie nicht etwas am Brunnen zurücklassen können. Kinder kommen vorbei, die Ihre Schätze bestaunen. – Sie fühlen sich nun so sauber, so leicht, dass Sie all Ihr Hab und Gut verschenken. Befreit und beschwingt gehen Sie zum Tor zurück. Saturn erwartet Sie und lacht:

> »Wo hast du dein Gepäck? Ohne Gepäck kannst du mein Reich nicht betreten«. Sie antworten: »Ich bringe mich mit, das genügt! Der Mond schenkte mir nützliche Erfahrungen, Mars schenkte mir Talente, Tatkraft und Unternehmungslust, Merkur schenkte mir einen klugen Kopf, Jupiter schenkte mir Zukunftsvisionen, Venus schenkte mir die Liebe. Genügt das nicht, um in deinem Reich ein neues Leben zu beginnen, ein Leben, das meiner Seelenaufgabe entspricht und der Gesellschaft dient?«

Er nimmt Ihre Hände und Sie spüren seine Energie, die auf Sie übergeht, und spricht dabei

»Du hast Recht. Zeige mir, was du kannst, und dann schenke ich dir Disziplin, Ausdauer, Geduld und Erfolg. Du wirst belohnt werden mit innerem wie äußerem Reichtum.« Sagen Sie nun 7mal:

»Ich bin eins mit dem vollkommenen Leben,
mit der vollkommenen Liebe, Weisheit und Substanz.«

Vielleicht haben Sie noch Fragen in Bezug auf Ihren neuen Lebensabschnitt. Stellen Sie jetzt diese Fragen. Bleiben Sie noch eine Weile in der Stille und vertrauen Sie darauf, dass jetzt oder zu gegebener Zeit die Fragen beantwortet werden. Lassen Sie dann das Bild verblassen. Danken Sie zum Schluss für alles, was Sie sind, können und haben. Freuen Sie sich schon jetzt auf das Gute, das die nächste Woche für Sie bereithält.

Meditationen für den Samstag

Saturn ist der Herr über das Karma, das heißt über das Gesetz von Ursache und Wirkung oder, wie es der Volksmund sagt: »Die Suppe, die man sich einbrockt, muss man auch selbst wieder auslöffeln.« Den größten Teil brocken wir uns unbewusst ein oder wir werden von einer inneren Macht dazu getrieben. Diese innere Macht fürchten wir und solange wir sie fürchten, wird sie uns auch immer wieder manipulieren können, sei es, dass sie uns zu etwas treibt, was wir gar nicht tun wollen, sei es, dass sie in eine Krankheit verursacht, uns mit einer Sucht in den Klauen hält oder etwas, das wir aufgebaut haben, wieder zerstört. Viele haben Angst, zur Ruhe zu kommen, Angst, nach innen zu schauen, Angst, sich etwas zu gönnen oder eine Beziehung aufzubauen. Viele fügen sich verbal oder körperlich Schmerzen zu oder lassen sich Schmerzen zufügen (bewusst oder unbewusst), weil sie meinen, sie hätten es verdient und könnten damit etwas büßen.

Unser innerster Kern ist Güte, Liebe und Licht.
In der Stille können wir alle dunklen Schalen durchbrechen,
die ihn umfangen und
unsere Güte kann sich zeigen,
unsere Liebe kann sich entfalten und
unser Licht kann leuchten.

Die Saturnenergie hilft uns, in die Tiefe zu kommen; sie kann uns die dunklen Mächte gegenüberstellen und sobald sie erkannt werden, verlieren sie jede Macht über uns. Satan, der Herrscher der Hölle, wird die dunkle Macht in uns genannt. Aber er ist auch Luzifer, der Lichtbringer, der Lieblingsengel Gottes. Egal wie, wann und wo wir je gefehlt haben, es muss nicht »nur« schlecht sein, es kann auch eine Stufe auf der Leiter zum Licht sein.

Im Laufe der Jahre habe ich viele dunkle Seiten in mir aufgedeckt; dadurch haben sich die meisten Probleme, die ich mit mir selbst oder mit den Mitmenschen hatte, aufgelöst. Auch Ihnen möchte ich Mut zur Innenschau machen, weil sie sich lohnt: Sie öffnet Ihnen neue Tore – Tore, die in ein Leben voller Freude, Friede, Liebe, Sinn, Leichtigkeit und Licht führen.

Licht und Schatten

Mit der folgenden Meditation können Sie zweierlei erreichen: einerseits dunkle Seiten in sich aufdecken und bewusst machen, andererseits das innere Licht entfachen, das Sie körperlich vitalisiert, Ihnen seelische Wärme gibt und geistige Klarheit und Helligkeit schenkt. Sie werden das Leben und seine Herausforderungen »in neuem Licht« sehen. Licht hat auch etwas zu tun mit der Kraft, die uns hilft, weiterzugehen, die uns führt und uns Frieden und Freude empfinden lässt.

Nehmen Sie Ihre Meditationshaltung ein oder legen Sie sich hin. Legen Sie die Fingerspitzen jeder Hand an die Daumen. Stellen Sie sich vor:

Sie sitzen in einem Kellergewölbe tief unter der Erde. Nur eine kleine Kerze flackert unruhig. Durch das Feuer wird der Raum ausgeleuchtet und die Flammen werfen Schattenbilder an die Wände. Das Dämmerlicht und die Schatten sehen zum Fürchten aus – und doch: Es sind nur Schatten, und was können Ihnen Schatten schon anhaben. Sie nehmen nun die Kerze, stellen sie vor sich hin, schützen die Flamme mit der Hand und atmen einige Male tief und langsam ein und aus. Die Flamme wird ruhig, die Schatten verschwinden. Der Keller symbolisiert Ihre tiefsten Seelenschichten. Bitten Sie nun Ihre innere Weisheit 7mal:

»Zeige mir, was mich hindert,
so zu sein, wie ich in Wirklichkeit bin.«

Lenken Sie Ihre Achtsamkeit auf das Feuer und Ihren Atem, und warten Sie geduldig auf die Antwort. Sie begeben sich nun über eine Treppe ins Dachgeschoss. Der Raum hoch oben in einem hohen Turm symbolisiert Ihre obere Seelenschicht. Rund herum sind große Fenster und draußen ist dunkle Nacht. Da der Himmel wolkenlos ist, können Sie die Sterne sehen. Lassen Sie sich vom Mysterium des Kosmos beeindrucken. Machen Sie sich Ihrer eigenen immensen Kräfte bewusst, die Sie bisher nicht gekannt haben, die aber immer für Sie da sind. Wie das Sternenlicht die Dunkelheit des Universums durchbricht, so sind auch unsere Lichtkräfte immer stärker als die Kräfte der Dunkelheit. Lassen Sie sich von ihnen helfen. Fragen Sie nun Ihre innere Weisheit 7mal:

»Was bringt mir Klarheit, mich selbst im richtigen Licht zu sehen?
Was ist das Wesentliche in meinem Leben?
Was soll ich tun und/oder lassen, um meine Lebensaufgabe
mit Leichtigkeit und Licht zu erfüllen?«

Sie schauen in den nächtlichen Himmel und sehen zu, wie die Sonne langsam aufgeht. Lenken Sie nun Ihre Achtsamkeit auf die aufsteigende Sonne und Ihren Atem. Warten Sie geduldig auf die Antwort.

Die Dunkelheit muss dem Licht weichen

Ein Leben ohne Trauer, ohne Sorgen, ohne Enttäuschungen oder Widerstände, ein Leben ohne dunkle Zeiten ist wie ein Leben ohne Tiefe. Jede Depression, egal in welchem Ausmaß sie auftritt, ist wie ein Labyrinth oder ein Gefangensein in der Dunkelheit. Viele kennen in solchen Zeiten auch die damit verbundene Todessehnsucht – die Sehnsucht, aus der Dunkelheit auszubrechen, um ins Licht einer neuen Dimension zu kommen. In dunklen Zeiten ist es wichtig, sich nach dem Licht auszurichten, in sich selbst ein Licht zu entzünden und sich vom kosmischen Licht aus der Dunkelheit führen zu lassen.

Nehmen Sie Ihre Meditationshaltung ein oder legen Sie sich hin. Stellen Sie sich vor:

Tief unten in Ihrem Becken brennt ein Feuer. Während Sie einatmen, lenken Sie Ihr Bewusstsein vom Beckenboden zum Bauch. Sie halten die Luft einige Sekunden an und während Sie ausatmen, lenken Sie das Bewusstsein wieder nach unten zum Beckenboden. Nun lassen Sie auch die Flammen des Feuers beim Einatmen zum Bauch hochsteigen und das Feuer mit jedem Atemzug intensiver werden. Immer mehr Flammen züngeln nach oben. Becken- und Bauchraum sind voller Licht. Sprechen Sie dabei 7mal:

»Mit jedem Atemzug füllen sich meine Zellen
mit Kraft und Lebendigkeit.«

Mit den nächsten Atemzügen lassen Sie das Feuer größer werden, so dass der ganze Brustraum feurig und heiß wird. Sprechen Sie dabei 7mal:

»Mit jedem Atemzug wird es in meiner Seele warm und leicht.«

Zum Schluss lassen Sie die Flammen weit über den Kopf hinaufsteigen, bis der Kopf hell und leuchtend wird. Sprechen Sie dabei 7mal:

»Mit jedem Atemzug wird mein Geist heller und klarer.«

Rückblick und Ausblick

Saturn ist der Wächter der Tore. Auch wir kommen im Leben immer wieder an Tore – sei es, dass ein neuer Lebensabschnitt, eine neue Herausforderung beginnt oder dass wir einfach die neue Woche etwas anders gestalten möchten. Es ist sinnvoll, bewusst an einem solchen Zeitpunkt innezuhalten und zu fragen, was das Beste für uns ist, was wir mitnehmen oder zurücklassen sollten, was wir tun und was wir lassen sollten, wo wir Hilfe bekommen können, was für uns wichtig und stimmig ist und was nicht. Saturn berät uns gerne – darin ist er Experte. Die folgende Meditation ist ein guter Einstieg in die nächste Woche.

Nehmen Sie Ihre Meditationshaltung ein oder legen Sie sich hin. Stellen Sie sich vor:

Sie sitzen auf einer Bank, die auf der linken Seite vor einem großen Tor steht. Überdenken Sie nochmals in aller Ruhe Ihre letzte Woche (oder Ihren letzten Lebensabschnitt). Was ist Ihnen besonders gelungen? Was hat Ihnen Mühe gemacht? Wo und wie haben Sie Hilfe erhalten? Wem haben Sie geholfen und/oder etwas zuliebe getan? Nun gehen Sie zum Tor, öffnen und durchschreiten es und setzen sich wieder auf eine Bank, diesmal aber auf der rechten Seite des Tors. Sie fahren mit Ihren Überlegungen fort: »Was möchte ich in Zukunft ändern?« Setzen Sie nun einen Schwerpunkt für die nächste Woche. Es braucht keine große Sache zu sein, aber etwas, in das Sie Ihre ganze Energie setzen und wo Sie mit ganzem Herzen und voller Begeisterung dabei sind. Planen Sie neben Verpflichtungen auch Mußestunden ein. Planen Sie etwas, worauf Sie sich besonders freuen können, ein Geschenk, das Sie sich oder jemandem machen. Stellen Sie nun einen Wochenplan auf, und bitten Sie Saturn, Ihnen dabei zu helfen. Bleiben Sie noch einige Minuten in der Stille, und lassen Sie das Bild verblassen.

Kaminfeger-Atem

Diese Atemmethode putzt Ihre Nase, Stirnhöhlen, Bronchien und Lunge gründlich durch.

- Setzen oder stellen Sie sich gerade hin. Die Hände legen Sie an die Körperseite auf Taillenhöhe.
- Durch die Nase schnuppernd einatmen und den Atem ca. 3 Sekunden anhalten.
- Durch den Mund, den Sie zu einer Pfeifröhre geformt halten, in mehreren Stößen ausatmen (das Ausatmen muss kräftiger und gründlicher sein als das Einatmen).
- Zum Schluss die Bauchdecke kräftig einziehen, um noch mehr Luft herauszupressen.
- Mehrmals wiederholen.

Mudra – zur Aktivierung der Chakraenergie

Mit diesem Zyklus werden die Chakras wie Batterien neu aufgeladen. Ich mache ihn am liebsten abends vor dem Einschlafen. Vielleicht kennen Sie diesen unangenehmen Zustand auch: Sie sind einerseits müde und schlapp, innerlich aber unruhig, wie aufgedreht. Mit dieser Mudra-Folge, die wie alle andern auch eng an den Atem gekoppelt ist, erreiche ich eine wunderbare Tiefenentspannung: Ich werde zuerst herrlich schlapp und schlafe dann ein. Übe ich diesen Zyklus tagsüber, bleibe ich 10–20 Minuten liegen oder sitzen, recke und strecke mich danach kräftig (das ist sehr wichtig, wenn man sich wieder den

Tagesgeschäften zuwenden will) und fühle mich dann wieder munter, erfrischt und unternehmungslustig.

Sie nehmen eine aufrechte und zentrierte Sitzhaltung ein oder legen sich auf den Rücken.

Sie lassen Arme und Hände nach unten baumeln und machen 7 tiefe Atemzüge, beim Ausatmen durch den Mund seufzen Sie leise oder laut. Stellen Sie sich dabei vor, wie Sie verbrauchte Energie als dunkle Rauchschwaden ausatmen. Rauch entströmt Ihrem Mund und aus allen Poren Ihres Körpers.

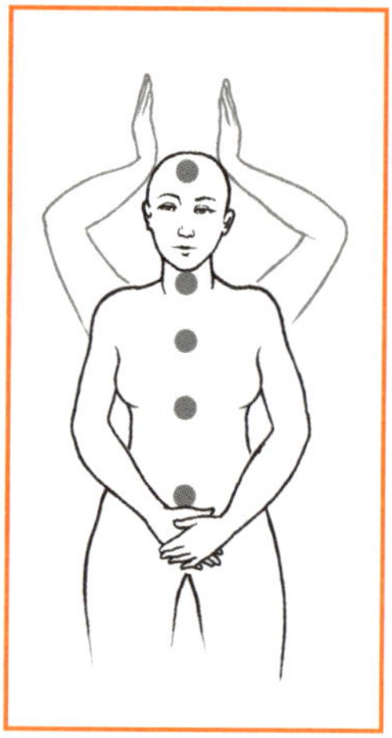

Sie legen nun die linke Hand ganz ohne Druck auf das Schambein und die rechte Hand auf die linke (sind Sie männlichen Geschlechts, dann legen Sie die rechte Hand auf das Schambein und die linke Hand auf die rechte). Nun beginnen Sie mit der Yoga-Atmung, das heißt, Sie atmen tief ein, halten den Atem circa 3 Sekunden an und atmen langsam wieder aus. Machen Sie auf diese Weise 14 Atemzüge.

Legen Sie nun die rechte Hand direkt unterhalb des Nabels auf den Bauch, die linke darüber (Männer umgekehrt), und machen Sie wieder 14 tiefe Atemzüge.

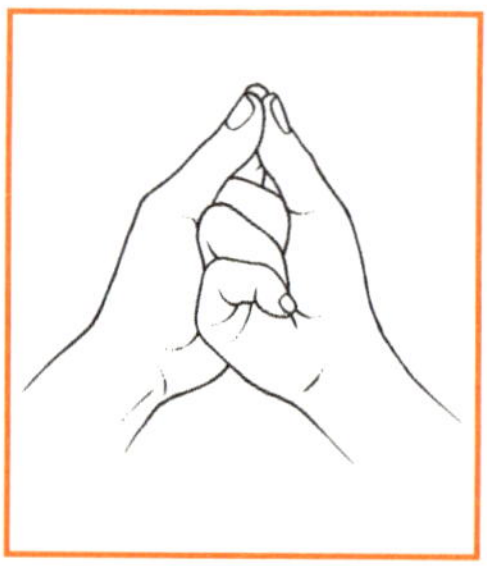

Sie legen danach die Hände auf den Solarplexus und atmen auf die gleiche Weise – danach auf das Brustbein – auf den Kehlkopf – auf die Stirn – und zuletzt auf oder seitlich an das Schädeldach.

Nun legen Sie Daumen- und Zeigefingerkuppe der rechten Hand aneinander, den Daumen der linken Hand dazu und umfassen mit der linken Hand die rechte. Bleiben Sie noch einige Minuten so sitzen oder liegen, und beobachten Sie weiterhin den Atem. Halten Sie alle Sinne auf den Atem gerichtet, und versuchen Sie sich immer tiefer in die kleine Pause nach der Ausatmung zu versenken. In diese Pause hinein denken oder sprechen Sie:

»Ich lasse mich auf die Leere ein,
woraus sich neue Fülle entfaltet.«

Tanz der Gelenke

Saturn wirkt in der Milz, in Haut und Knochen und auch in den Gelenken. Bewegen wir ein einzelnes Gelenk langsam, fließend und intensiv nur 8mal, dann bringen wir damit schon den Stoffwechsel in Gang. In den Gelenkknorpeln wird dadurch eine Lösung produziert, die das Gelenk nährt, schmiert und reinigt. Die Bänder, die um die Gelenke eine schützende Hülle bilden, bleiben elastisch, die Muskeln werden gestärkt und gelockert und auch die Haut des betreffenden Körperbereichs wird bewegt bzw. gedehnt und gepresst.

Kleiner Bär

Zuerst ziehen Sie die Knie zur Brust und umfassen sie kräftig. Danach strecken Sie Arme und Beine zur Decke.

a) Füße und Hände einige Sekunden lang schütteln.
b) Fuß- und Handgelenke in langsamer, fließender Bewegung kreisen.
c) Arme und Beine mehrmals beugen und strecken.

»Ich lasse mich auf das Spiel des Lebens ein
und genieße es.«

Krokodil auf der Uhr (Schultergelenk)

Sich auf die linke Seite legen, und das rechte Knie zur Brust ziehen. Nun mit dem rechten Arm, der ganz locker ist, auf dem Boden einen großen Kreis zeichnen. Der Blick folgt der Hand. Sie malen ein Zifferblatt. Jeden Arm 8mal kreisen.

»Ich öffne mein Herz den Schätzen der Zukunft.«

Beinkreisen (Hüftgelenk)

Ein Bein nach oben – zur Seite – nach vorn – zur Gegenseite und wieder nach oben führen. Jedes Bein 8mal kreisen.

»Meine starken Beine bringen mich weiter
auf dem Weg zum höheren Ziel des Lebens.«

Kleiner Bär

Beinkreisen

Krokodil

Sie bleiben danach noch einige Minuten in der Rückenlage, ziehen die Knie zur Brust, legen die Hände in die gebeugten Kniekehlen und genießen die wohltuende Ruhe.

»Ich öffne mich dem Licht, dem Frieden und der Freude.«

Violett – voller Geheimnisse

Die Farben des Saturn sind Schwarz, Dunkelblau und Violett. All diese dunklen Farben können uns Geborgenheit und Schutz verleihen. Schwarz ist eine Farbe, die Menschen unbewusst bei einem neuen Lebensabschnitt bevorzugen. Wird Schwarz mit einer anderen Farbe kombiniert, verstärkt sie die Wirkung dieser Farbe, wie zum Beispiel beim »kleinen Schwarzen«, das mit Goldschmuck, knallroten Lippen und Fingernägeln besonders sexy wirkt.

Auch Dunkelblau ist eine typische Schutzfarbe, eine Farbe, die Treue, Hingabe, Tiefe und Stille verkörpert. Blau löst Gefühle des Vertrauens und des Friedens aus, bringt Gelassenheit und löst Stresssymptome auf. Zu viel Blau kann allerdings auch Benommenheit und Trägheit oder Melancholie verursachen. Blau ist auch die Farbe der Sehnsucht und passt darum ausgezeichnet zu Saturn.

Violett ist die Farbe der Würde, der Wandlung, der Demut, der Bescheidenheit und der Mystik. Zu viel Violett äußert sich in Vergesslichkeit, Stolz, Rücksichtslosigkeit, Streitsucht und einem Mangel an Durchhaltevermögen.

- Es kommt beim Tragen all dieser Farben auf das richtige Maß und die richtige Kombination an.
- Eine interessante, geheimnisvolle Note verleihen Schals, Schmuck, Gürtel oder Socken – alles in Violett.
- Vielleicht haben Sie die Möglichkeit, sich einen Raum oder eine Ecke für spirituelle Übungen und Meditationen zu gestalten – einen persönlichen Rückzugsort. Dann darf dort Violett in allen Nuancen nicht fehlen, zum Beispiel violette Kerzen, Tücher, Steine, Kissen.

Musik – die große Trostspenderin

Die Samstagsmusik wird von tiefen, dunkeln Tönen beherrscht. Der Bass und andere Instrumente, die eine Musik tragen und den Untergrund schaffen, eigenen sich hervorragend.

Orgelmusik, sakrale Musik im Allgemeinen, ruhiger, ernster Jazz, Gospels, die Tod und Wiedergeburt besingen, und Sklavenlieder der afro-amerikanischen Bevölkerung passen zum Saturn.

Viele Musiker der Klassik haben jahrzehntelang mit den schrecklichsten Krankheiten gelebt, haben dem Tod schon Jahre vor dem Ende direkt ins Auge geschaut und dabei die gewaltigsten und ergreifendsten Kompositionen geschrieben (Wolfgang Amadeus Mozart: Die Zauberflöte, sämtliche Werke von Maurice Ravel, die letzten Quartette von Ludwig van Beethoven und Der Erlkönig von Franz Schubert zum Beispiel). Es sind nicht nur traurige Werke daraus entstanden, sondern Kompositionen, die Leid und Freude zugleich ausdrücken. Freude und Leid liegen nah beieinander, und das eine kann leicht in das andere übergehen. So kann uns gerade diese Musik durch die schwersten Zeiten trösten. Sie kann uns neue Tore öffnen in andere Dimensionen – in Sphären voller Licht und Freude.

Das Auge ist der Spiegel der Seele,
aber das Ohr ist das Tor zur Seele.
Indisches Sprichwort

Es riecht zum Himmel …

Zitrone, Weihrauch und Zypresse passen zu Saturn. Zitrone reinigt und bringt frischen Wind; Zypresse macht Mut, gibt geradlinige Entschlossenheit und klärt die Sicht für das Wesentliche. Weihrauch ist eine ganz besondere Essenz; sie hilft bei Entzündungen der Atemwege, Husten und Asthma. Auf der seelisch/geistigen Ebene schenkt sie Ruhe, stimmt friedlich, hat durch ihre hohe Schwingung eine bewusstseinserweiternde Wirkung und macht durchlässig für kosmische Energien. Früher wurde Weihrauch auch zur Vertreibung böser Geister angewendet.

- Egal wo es schmerzt: geben Sie 3 Tropfen Weihrauch in einen EL Massageöl und massieren Sie mit kreisenden, sanften Bewegungen das Öl ein.
- Sie füllen ein Glas (200 ml) mit grobem Meersalz, fügen je 12 Tropfen Duftessenz bei und fertig ist Ihr Badesalz.
- Ihrer Haut gönnen Sie eine Trockenmassage mit der Bürste und danach eine Einreibung mit einem besonders feinen Duftöl (siehe Freitag).
- Der Samstag eignet sich auch vorzüglich für eine Wohnungs-Räucherung.

Lassen nun auch wir den Rauch wie ein Gebet
zum Himmel aufsteigen.
Die Götter werden uns beglückt zulächeln.
Unbekannt

Steine des Saturn

Bergkristall, Amethyst, Obsidian, Turmalinquarz passen zum Saturn. Wie die Null oder die Farbe Schwarz potenziert der Bergkristall die Wirkung anderer Steine, indem man ihn zusätzlich auf die schmerzende oder schwache Stelle legt. Längeres Betrachten des Obsidians bringt verborgene »Schattenseiten« ans Licht. Der Amethyst fördert die Konzentration, Nüchternheit und geistiges Erwachen, ist gut für Haut, Nerven und die Darmflora. Der Turmalinquarz hilft beim »über den eigenen Schatten springen«, hebt innere Widersprüchlichkeiten auf und gleicht allgemein aus. Bei Energielosigkeit und Unfähigkeit zur Selbstüberwindung aktiviert er; bei Stress, Aggression, Verbissenheit und Verspannungen wirkt er lösend, beruhigend und befreiend.

- Botschaften, Segenssprüche, Wünsche oder Affirmationen können in Steine verankert werden und dazu passen die Samstag-Steine besonders gut. Zuerst reinigen Sie den betreffenden Stein gründlich unter fließendem Wasser und legen ihn über Nacht an die frische Luft. Nun nehmen Sie den Stein in beide Hände und sprechen 7mal voller Inbrunst in positivem Wortlaut Ihren Spruch.
- Ein Amethyst unter das Kopfkissen gelegt, bringt Entspannung und Klarheit in unser nächtliches Traumgeschehen.

Die liebe Sippe ...

- Samstag ist der ideale Tag für Besuche bei unseren Eltern, betagten Familienmitgliedern, Kranken.
- Oder: gemütliches Zusammensitzen im Kreise der Familie.
- Geeignet ist er auch für klärende Gespräche und Diskussionen.
- Sollten einmal Spannungen oder schlechte Laune aufkommen, servieren Sie einfach den Saturn-Drink – und schauen Sie dann, was passiert!
- Verpflichtungen zum Wohle unserer Angehörigen sollten spätestens heute, am letzten Tag der Woche, nachgegangen werden. Fallen uns Verpflichtungen schwer, dann ist es Zeit, darüber nachzudenken und neue Strategien zu entwickeln. Wir müssen von neuem das richtige Maß suchen und unsere Verpflichtungen so gestalten, dass sie uns wieder Freude machen (siehe Montag).

Saturn-Drink

Wie wär's mit einem besonderen Kaffee? Sie geben pro Person 200 ml heißen Kaffee in eine große Tasse. Zugabe 1 TL Honig, 1 TL Whisky und oben drauf eine Haube geschlagene Sahne. In die Haube machen Sie eine Delle und diese füllen Sie mit flüssiger Karamel- oder Schokoladensauce.

Für die Karamelsoße, die Sie im Voraus oder sogar auf Vorrat machen können, geben Sie 3 gehäufte EL Rohzucker in die Pfanne, den Sie unter stetigem Rühren flüssig machen und mit 100 ml Wasser ablöschen – fertig. Für die Schokoladensauce schmelzen Sie 100 g dunkle Schokolade oder kaufen die Sauce fertig. Zur Abwechslung können Sie in den Kaffee eine Kugel Mokka-, Schokoladen- oder Vanilleeis geben.

Mais für Ausdauer und Besonnenheit

Der Mais, das Getreide der Indianer, gehört zum Saturn. Mit »dem Indianer« verbinden wir enorme Ausdauer, Besonnenheit, Verbundenheit mit der Natur und Ernsthaftigkeit – alles Eigenschaften, die zur Saturnenergie gehören. Im Vergleich zu den anderen Getreiden ist der Mais schwer und grob und entspricht dem melancholischen Temperament.

Sehr bemerkenswert ist der hohe Anteil an Zucker und Vitamin A. Da dem Mais das vollwertige Eiweiß fehlt, sollte dazu ein Eiweißlieferant, zum Beispiel Bohnen, gegessen werden. Allergiker sollten mindestens einmal pro Woche Mais essen, weil er im Prinzip gut verträglich ist und Reizungen neutralisiert. Mais war für die Indianer nicht nur die Hauptnahrung, sondern auch eine wichtige Medizin. Sie sagten: »Ist das Fleisch krank, bringt der Mais heilsame Lebenskraft. Bei Krankheit darf nur noch Mais gegessen werden, denn sie ist die Pflanze mit der stärksten Lebenskraft.« Vielleicht denken Sie an diesen Spruch, wenn Sie morgens Ihre Cornflakes essen.

Mais-Pizza

3 kleine Tassen Wasser mit etwas Fleisch- oder Gemüsebrühe aufkochen.

1 kleine Tasse Maisgrieß (für Polenta) dazu geben und gar kochen (die Zeitangabe auf der Packung beachten). Auf einem mit Butter eingefettetem Kuchenblech 2–3 cm dick auswallen.

Mit Tomatenpüree bestreichen (wie bei einer Pizza).

Diverses klein geschnittenes Gemüse kurz in einer Pfanne dünsten und auf dem Maisteig verteilen, darüber kommen kleine, frische Champignons und Oliven. Würzen mit Origano und anderen italienischen Gewürzen.

Geriebenen Käse darüber streuen. Bei mittlerer Hitze 15 Minuten backen.

Brot backen – Brot brechen

Wie schon erwähnt, Samstag ist der Familientag und Brot-, Zopf- oder Kuchenbacken gehört dazu. Achten Sie während des Mischens der diversen Zutaten auf Ihre Gedanken. Geben Sie viele liebevolle Gedanken mit in den Teig und segnen Sie den Teig. Machen Sie aus Ihrem Tun ein heiliges Ritual. Spielen Sie dabei ein wenig Hexe der weißen Magie.

Tipps für den Samstag

- Da die Erde dem Samstag zugeordnet wird, eignet sich dieser Tag für die Gartenarbeit oder das Umtopfen von Pflanzen besonders.
- Auch Töpfern oder Arbeiten mit Stein tut gut.
- Staubsaugen und Staubwischen können als symbolische Handlung für innere Reinigung eingesetzt werden.
- Trennen Sie sich von alten, überflüssigen Sachen.
- Bringen Sie Ihren fahrbaren Untersatz auf Vordermann.

- Der Samstag ist auch ein idealer Einkaufstag, um die Reserven wieder aufzufüllen.
- Legen Sie Vorräte an, zum Beispiel für die Tages-Drinks .
- Gönnen Sie sich wieder einmal einen Krimi – Film oder Buch.
- Besuchen Sie den Friedhof und gedenken Sie Ihrer Ahnen.

Ein-Minuten-Ritual

Sie zünden 3 Kerzen an – die erste als Dank für alles Schöne der vergangenen Woche, die zweite als Lob für alles, was Sie sind, haben und können, und die dritte soll ihr Licht in die kommende Woche schicken und Ihnen den Weg der Freude, des Friedens und der Freiheit zeigen.

Es geht weiter...

Sie erinnern sich – wir reden oft von 8 Tagen, obwohl wir nur 7 meinen: »Wir sehen uns in 8 Tagen wieder.« Die liegende Acht verkörpert das mathematische Symbol für die Unendlichkeit und das Achteck steht für die Vollkommenheit. Bei der 7 fehlt also immer ein Stück zur Vollkommenheit und auch wir sind in der Endlichkeit begrenzt. Das ist auch gut so, denn der Sinn des Lebens ist es, durch den Mangel, den man beheben möchte, immer weiter, näher zur Vollkommenheit zu kommen. Es geht um inneres Wachstum und Veredelung.

Ihre Gedanken, Worte und Taten sollen wie Samen sein. Sie sollen in guter Erde keimen, sich zu Großem entfalten, blühen und reiche Früchte tragen – sie sind für Sie selbst und für unsere Welt bestimmt.

Mut, Kraft, Hoffnung und Zuversicht wünsche ich Ihnen für jeden Tag. Möge dieses Buch Ihnen dabei Rat und Hilfe sein.

Möchten Sie sich einmal ein Yoga-Wochenende gönnen, dann finden Sie das Programm im Internet. Die Kurse beinhalten Yoga-Übungsfolgen (geeignet für Anfänger wie auch für Fortgeschrittene), Mudras, Meditationen, kombiniert mit Themen in Bezug auf die Verbesserung der Lebensqualität.

Gertrud Hirschi
Internet: www.gertrudhirschi.ch

Entsprechungstabelle

	Sonntag	Montag	Dienstag
Planet	Sonne	Mond	Mars
Energie	Lebensenergie	Emotionen Intuition	Tatkraft Aggression
Körperbereich	Brustraum	Körperflüssigkeit Beckenraum	Muskeln Körpertemperatur Blutkreislauf
Organ	Herz	Magen, weibl. Geschlechtsorgane Lymphsystem	Gallenblase männliche Geschlechtsorgane
Farbe	Weiß	Silber/Lila/ Grünblau	Rot/Türkis
Musik	sakrale Musik Volksmusik	träumerische Musik, Blues	wilde Rhythmen
Getreide	Weizen, Dinkel	Reis	Gerste
Metall	Gold	Silber	Eisen
Mineral	Diamant Bernstein Pyrit	Karneol Perlmutt Chrysokoll	Hämatit, Rubin, Granat, Achat
Landschaft	sonnige Hochebene	Meer Flüsse Quellen	Vulkangebiete
Tiere	Löwe Pfau	Nagetiere Fische	Widder Wolf
Pflanzen	Himbeere Lorbeer Sonnenblume Johanniskraut	Weide Seerose Mohn	Brennessel Distel Wermut
Duft	Bergamotte	Muskatellersalbei Lavendel Fichte	Grapefruit Zitronengras Weißtanne
Räucherwerk	Weihrauch	Vanille	Salbei

Mittwoch	Donnerstag	Freitag	Samstag
Merkur	Jupiter	Venus	Saturn
Verstand Ökonomie	Hoffnung Visionen	Liebe Harmonie	Struktur Begrenzung
Gehirn Nervensystem	Kraft, sich aufzurichten Wirbelsäule	sexuelle Energie	Haut Knochen Gelenke
Lunge	Leber	Nieren	Milz Blase
Gelb	Orange/Blau	Grün/Magenta	Dunkelblau Schwarz, Violett
Solos Lieder	Orchester	Liebeslieder, sinnliche Musik	ernste Musik
Hirse	Roggen	Hafer	Mais
Quecksilber	Zinn	Kupfer	Blei
Zitrin Rauchquarz Tigerauge	Malachit Saphir Türkis	Opal Rosenquarz Aquamarin	Obsidian, Berg- kristall, Amethyst Turmalinquarz
Getreidefelder	Urwald üppige Plantagen	Blumengärten	karge Bergwelt Steinwüste
Hund, Pferd Vögel	Elefant Bär	Katze Schwan	Kröte Schlange
Fenchel Dill Baldrian	Eiche Rosskastanie Löwenzahn	Linde Katzenminze Rose	Eibe Nachtschatten Zinnkraut
Limette Koriander Niaouli	Pfefferminze Rosmarin Zeder	Jasmin Geranie	Zitrone Weihrauch Zypresse
Sandelholz	Thymian	Rosenholz	Rosmarin

Büchertipps

Barz, Ellynor: Götter und Planeten. Zürich 1988.
Batthyany de la Lama, Luisa: Sterne der Macht. München 1996.
Berendt, Joachim-Ernst: Ich höre – also bin ich. München 1993.
Bernath-Frei, Barbara: Duft Meditationen. München 2001.
Cooper, Phillip: Magisches Wissen in neuem Licht. Freiburg 2000.
Dröschel, Rosemarie und Feuser, Astrid: Durchatmen – Aufatmen. Freiburg 2001.
Enders, Franz Carl und Schimmel, Annemarie: Das Mysterium der Zahl. München 1993.
Gienger, Michael: Lexikon der Heilsteine. Fulda 1997.
Haich, Elisabeth: Der Tag mit Yoga. München 1972.
Hasenfratz, Hans-Peter: Die religiöse Welt der Germanen. Freiburg 1992.
Hausen, Monika Helmke: Das magische Wissen vom Mond. Freiburg 1998.
Hausen, Monika Helmke: Die Lichtkräfte unserer Nahrung. Freiburg 1999.
Hausen, Monika Helmke: Schüsslersalze – Wohlfühlkuren mit Früchten und Gemüse. Freiburg 2001.
Hirschi, Gertrud: Innere Kräfte entdecken und nutzen. Freiburg 1998, 2. Aufl.
Hirschi, Gertrud: Lust auf Yoga. Freiburg 1997.
Hirschi, Gertrud: Mudras – Yoga mit dem kleinen Finger. Freiburg 1999, 18. Aufl.
Hirschi, Gertrud: Neue Mudras. Freiburg 2001, 3. Aufl.
Hirschi, Gertrud: Yoga für Seele, Geist und Körper. Freiburg 1997, 5. Aufl., Petersberg 2003, 6. Aufl.
Hofmann, Helmut: Edelsteintherapie kurz und praktisch. Freiburg 1995.
Howard, Michael: Finde deinen Schutzengel. München 1997.
Kraus, Michael: Aromatherapie für jeden Tag. Egweil 1997.
Kraus, Michael: Ätherische Öle für Körper, Geist und Seele. Egweil 1997.
Mala, Matthias: Magische Hände. München 1997.
Markale, Jean: Die Druiden. München 1989.
Renzenbrink, Udo: Die sieben Getreide. Dornach 1993.
Renzenbrink, Udo: Zeitgemäße Getreide-Ernährung. Dornach 1979.
Riemann, Fritz: Lebenshilfe Astrologie. München 1994.
Roman, Sanaya: Kreativ Reichtum schaffen. München 1993.
Rueger, Christoph: Die musikalische Hausapotheke. München 1991.
Sagan, Samuel: Heilende Planetenkräfte. Freiburg 1998.
Schmidt, K.O.: Der geheimnisvolle Helfer in Dir. Freiburg 1983.
Sharamon, Shalila und Baginski, Bodo J.: Das Chakra-Handbuch. Aitrang 1990.
Stecher, Christine: Aus der Kraft der Sonne. München 1998.
Sun, Howard und Dorothy: Neuer Schwung durch Farbe. Freiburg 1994.
Telesco, Patricia: Der magische Schluck. Freiburg 2001.
Vogel, Theo und Nussbaumer, Rita: Die Duftfibel. Augsburg 1994.
Werner, Helmut: Die Magie der Zauberpflanzen, Edelsteine, Duftstoffe und Farben. München 1993.
Wessbecher, Harald: Die Energie des Geldes. München 1999.

Weitere Bücher aus dem Verlag Via Nova:

Yoga für Seele, Geist und Körper

Übungen für 52 Wochen

Gertrud Hirschi

Paperback, 272 Seiten, 580 Abbildungen – ISBN 3-936486-38-7

Mit ganzheitlich angelegten Übungsfolgen, verbunden mit positiven Visualisationen und Affirmationen, vermittelt die bekannte Bestseller-Autorin (*„Mudras, Yoga mit dem kleinen Finger"*) die wunderbare Chance, eine neue Haltung dem Leben gegenüber zu finden. Mit diesem reich illustrierten Yoga-Buch können Sie körperliches Wohlbefinden, höhere Leistungsfähigkeit oder einen stressfreien Alltag erreichen, Ihre Spiritualität besser zum Ausdruck bringen, mehr Tiefe in Ihrer Meditation finden, Ihre Lebenskräfte steigern und Ihre Beziehung verbessern. Das Buch ist sowohl für Fortgeschrittene als auch für den Anfänger geeignet, der damit einen Einstieg in den Yoga wagen kann. Die Autorin erklärt die richtige Übungsweise und den begleitenden Atem und gibt Hinweise zur Bewältigung des Alltags. In 52 Wochenthemen werden die verschiedensten Aspekte des Lebens angesprochen. Die Körperübungen – ausgewählt nach dem neuesten Stand medizinischer Erkenntnisse – garantieren Ihnen ein rückengerechtes Üben.

Energie-Balance finden

Wege zu mehr Wohlbefinden und Gesundheit, zu Ausgeglichenheit und Leistungsfähigkeit

Dr. Franz Decker

Paperback, 264 Seiten, 72 Abbildungen – ISBN 3-936486-50-6

Wir leben heute in einem Zeitalter der Energiekrise. Immer mehr Menschen empfinden die Energieknappheit und die Fehlleitung von Energie als Krise, als Disbalance der Körperenergie, Geist- und Psyche-Energie, als Ausgebranntsein und Befindlichkeitsstörung. Energiebedarf und Energiepotenzial, Energieverbrauch und -regeneration sind aus dem Gleichgewicht gekommen. Das vorliegende Buch von Prof. Dr. Franz Decker stellt zunächst die zeitbedingten Energieströmungen und das menschliche Energie-System dar. Der Hauptteil enthält eine Vielzahl von Strategien zur körperlichen, geistigen und seelischen Energie-Mobilisierung und -Balance und untersucht dabei auch die Bedeutung von Ernährung, von Licht, Farben und Musik zur Energieregulierung. Das Buch beruht auf wissenschaftlichen Erkenntnissen und auf eigenen Erfahrungen des Autors und verbindet diese mit einer Vielzahl von Energieübungen.

Kreative Wunscherfüllung

Die kosmischen und irdischen Gesetze des Wünschens

Hans Vater

Hardcover, 256 Seiten – ISBN 3-936486-16-6

Wunscherfüllung ist kein Luxus. Denn unerfüllte Wünsche halten uns fest; erfüllte Wünsche dagegen machen uns frei, voranzuschreiten zu neuen und beglückenderen Stufen des Lebens. Hans Vaters praktisches und zugleich tiefgründiges Weisheitsbuch gibt die Methoden und Techniken an die Hand, unsere Wünsche zu verwirklichen. Es analysiert eingehend die Gesetze und Prinzipien, die hinter den einzelnen Wunschtechniken stehen und die sie wirksam machen. Diese Gesetze sind die Regeln des großen kosmischen Schöpfungsspiels, welches wir in Gottes Auftrag mitgestalten und dessen Ziel es ist, uns zu der Einheit zurückzuführen, die wir in Wahrheit nie verlassen haben. Das Buch zeigt uns, wie wir durch die Anwendung der mächtigen Seinsgesetze unser Leben gesünder, glücklicher und erfolgreicher gestalten können

50 Wege, loszulassen und glücklich zu sein

Chuck Spezzano

4. Auflage

Hardcover, 168 Seiten – ISBN 3-936486-20-4

Dieses Buch des weltweit bekannten Lebenslehrers Chuck Spezzano ist ein wichtiger Wegweiser für alle, die einen Ausweg aus ihrer Lebenskrise suchen, eine Veränderung in ihrem Leben herbeiführen und eine bessere und glücklichere Gegenwart und Zukunft für sich eröffnen wollen. In kurzen und einprägsamen Lektionen erklärt der Verfasser an vielen Beispielen, wie alte Muster aus der Vergangenheit unser Handeln in der Gegenwart beeinflussen, und macht deutlich, dass wir nur dann wahrhaftig glücklich sein können, wenn wir die Fähigkeit entwickeln, Vergangenes loszulassen. Die Wahrheit seiner Lehren und Prinzipien erweist sich immer wieder in ihrer praktischen Umsetzung im Alltag, ganz gleich, ob die Krise durch den Verlust einer Beziehung, den Tod eines geliebten Menschen oder den Verlust der Gesundheit oder des Arbeitsplatzes ausgelöst wurde. Dieses Buch wird zu einem Ratgeber, Lehrer und weisen Freund werden, der dem Leser jederzeit hilfreich zur Seite steht.

Es muss einen besseren Weg geben

Ein Handbuch zur Psychologie der Vision

Dr. Chuck Spezzano und Lency Spezzano

Hardcover, 184 Seiten – ISBN 3-936486-25-5

Dieses neue, systematisch aufgebaute und dabei übersichtlich-prägnante Handbuch zur Psychologie der Vision

- gibt einen Einstieg, um die grundlegenden Prinzipien der Psychologie der Vision einer breiten interessierten Öffentlichkeit zugänglich zu machen;
- beschreibt das Wesen und den Wert der Psychologie der Vision für Therapeuten und für Menschen, die selber an sich arbeiten möchten;
- bietet einen einfachen Zugang zum Verständnis von Essenz, Modellen, Methoden und Techniken der Psychologie der Vision;
- fördert die Vertiefung von Prozessen für Teilnehmer/-innen an Vorträgen und Seminaren über die Psychologie der Vision und stellt einen Leitfaden für Menschen dar, die sich eine formelle Ausbildung überlegen;
- präsentiert schließlich innovative und machtvolle geistige Samen, um das Bewusstsein zu transformieren und die Welt zum Besseren zu verändern.

Karten der Erkenntnis auf dem Weg nach innen

Das Buch der Erkenntnis

Chuck Spezzano

6. Auflage

48 künstlerisch gestaltete Karten, Buch: 144 Seiten – ISBN 3-928632-32-9

Wollen Sie mehr Selbsterkenntnis gewinnen, persönliche Ziele und verborgene Wünsche erkennen, die Beziehungen im Privat- und Berufsleben verbessern, Ursachen für Probleme herausfinden und auflösen, Hindernisse auf dem Weg nach innen beseitigen? Dann sind die Karten der Erkenntnis und deren Erklärung eine große Hilfe. Sie sind einfach zu benutzen, hilfreich und inspirierend. Ganz gleich, ob Sie „sofortige Antworten“ auf alltägliche Fragen oder langfristige Lösungen für die großen Herausforderungen des Lebens suchen, es wird Ihnen und Ihren Freunden helfen, positive Entscheidungen zu fällen und Veränderungen für eine bessere Zukunft herbeizuführen. Im beiliegenden Buch der Erkenntnis findet der Leser den Schlüssel zum Verständnis und zur Verwendung der Erkenntnis-Karten. Chuck Spezzano erläutert im einzelnen die Bedeutung aller 48 Karten und erklärt eine Vielzahl von Möglichkeiten, mit ihnen zu arbeiten.

Selbsterkenntnis und Heilung

Die Auflösung der emotionalen Energieblockaden

Jordan P. Weiss

Gebunden, 232 Seiten, 21 Zeichnungen – ISBN 3-928632-28-0

Die in diesem Buch dargestellte Methode „Psychoenergetics“ wurde von Dr. Jordan Weiss entwickelt, einem Spezialisten auf den Gebieten Streßbewältigung, Verhaltensmedizin, Personaler Transformation und chronischer Erkrankungen. Der therapeutische Ansatz von Dr. Weis beruht auf der Erkenntnis, dass der Mensch ein Energiefeld ist, also auch Emotionen als Energiemuster in uns existieren. Diese Methode schafft Zugang zu dem unbewussten Selbst und lässt Sie verborgene, falsche Denk- und Verhaltensmuster entdecken und auflösen, die Sie daran hindern, alle positiven Möglichkeiten des Lebens auszuschöpfen und ein glückliches Dasein zu führen.

Mit den Methoden der „Psychoenergetics“ können Sie lernen, Ärger, Angst und Unsicherheit freizusetzen; Blockaden zu entdecken, die Sie am Erreichen Ihrer Ziele hindern; Selbstsabotage zu eliminieren; sich von Schmerzen zu befreien; Schmerzen bei Menschen zu lindern, die Sie lieben; Liebe und Glück zu empfangen und negative Energien aufzulösen.

Zehn praktische Schritte zu neuer Gesundheit und Lebenskraft

Chancen nach Krankheit, Operation und Trauma

Regina Sara Ryan

Paperback, 240 Seiten – ISBN 3-928632-87-6

Dieses Buch richtet sich an alle Menschen, die aufgrund einer Krankheit, eines Unfalls oder eines operativen Eingriffs der Heilung und Genesung bedürfen. Die Verfasserin zeigt einen sanften Weg durch Krankheit und Verletzung, der die seelischen, körperlichen und geistigen Bedürfnisse des Patienten gleichermaßen berücksichtigt. Sie macht deutlich, dass wir selbst angesichts eines noch so schweren Schicksalsschlages nicht zum Opfer der Umstände werden müssen, sondern Selbstverantwortung für unsere eigene Heilung übernehmen können. Immer wieder werden praktische Übungen wie Atem- und Entspannungsübungen angeboten, um geistige und körperliche Anspannung zu reduzieren und ein Gleichgewicht herzustellen, welches die wichtigste Voraussetzung für die Aktivierung der Heilungskräfte ist. Es ist ein praktisches Buch. Der ganzheitliche Ansatz beruht weiterhin auf dem Prinzip, dass jeder Tiefpunkt im Leben unzählige Wachstumschancen bietet, wenn wir bereit sind, uns der Herausforderung zu stellen.

12 Schlüssel zur spirituellen Energie

Machtvolle Lektionen, um alterslos zu leben

Richard P. Johnson

Hardcover, 152 Seiten – ISBN 3-928632-90-6

Der zentrale Gedanke dieses Buches ist, dass wir zwar nach Jahren älter werden und trotzdem dabei innerlich flexibel und vital bleiben können. Aber die meisten wissen überhaupt nicht, was das bedeutet und wie man diesen Zustand erreicht, der doch tief in uns verankert ist. Dies ist ein Buch gegen den Trend der Zeit, gegen den Jugendlichkeitswahn. Johnson versteht den Prozess des Älterwerdens als eine Chance, gesund und leistungsfähig zu bleiben und dabei weiser und reifer zu werden.

Er hält uns u.a. an, die Einstellung zum Leben zu überprüfen und zu verändern; überall Liebe zu suchen; im Hier und Jetzt zu leben; anderen und uns selbst zu vergeben; Wut, Groll und Zorn loszulassen; anderen von sich zu geben; den tiefsten Sinn unseres Lebens zu erkennen; Gefühle und Empfindungen in uns wirken zu lassen.

Partner-Yoga

Eine Bereicherung für Körper, Geist und Seele

Heike Mayer und Doris Inding

Hardcover, 160 Seiten – ISBN 3-936486-34-4

Dieses Buch ist das erste Partner-Yoga-Buch auf dem deutschen Büchermarkt. Der Partner-Yoga, der – wie der Name verrät – im Vergleich zum normalen Yoga immer zu zweit durchgeführt wird, bietet die Möglichkeit, Yoga in einer anderen Dynamik und Intensität zu erleben. Durch die Unterstützung des Partners können die Übenden ihre vermeintlichen Grenzen in erstaunlichem Maße überschreiten. Durch die Unterstützung des Partners gelingt es leichter, eine neue Tiefe der Körper- und Selbsterfahrung zu erleben. Die Ha-Tha-Energie fließt dabei zwischen den Partnern und findet ihre Ergänzung in dem Gegenüber. Das spiegelt sich unter anderem im synchronen Atem wider. Dieser verbindet nicht nur auf der grobstofflichen, körperlichen, sondern auch auf der feinstofflichen, geistigen Ebene. Es ist erstaunlich, wie schnell ein Feingefühl entwickelt wird, um zu spüren, in welchem Moment der Partner die physische Unterstützung braucht.

24 Stunden luzid träumen

Techniken, um den nichtdualistischen träumenden Hintergrund der Alltagsrealität wahrzunehmen

Arnold Mindell

Paperback, 274 Seiten, 52 Graphiken – ISBN 3-936486-03-4

In seinem neuesten Buch *„24 Stunden luzid träumen“* zeigt der innovative Psychotherapeut und spirituelle Lehrer Arnold Mindell zum ersten Mal auf, wie man in die Welt des Träumens eintritt, jene Welt, aus der die sichtbare Realität hervorgeht. Greift man Ereignisse, die die eigene Aufmerksamkeit erregen wie beispielsweise Körpersymptome, Beziehungsmomente, spontane Gedanken und Phantasien auf und entfaltet deren Signale mit Hilfe der Methode des 24 Stunden luziden Träumens, tritt man vollkommen wach in die nichtdualistische Welt des Träumens ein und lernt deren Botschaften zu verstehen und in die Alltagswelt einzubringen. Die Praxis des 24 Stunden luziden Träumens hilft bei der Lösung persönlicher, körperlicher oder emotionaler Probleme. Sie hilft bei der Lösung von Konflikten in Beziehungen, Familien, Großgruppen, Unternehmen und sogar in der Politik.

Suche nach dem Sinn des Lebens

Willigis Jäger

6. Auflage

Paperback, 272 Seiten, Award-Preis in den USA
ISBN 3-928632-03-5

Alle wichtigen Themen des spirituellen Lebens werden von dem Zenmeister Pater Willigis Jäger in diesem Buch grundlegend behandelt und in Bezug gesetzt zur christlichen Mystik, aber auch zu den großen Traditionen der esoterischen Wege anderer Religionen, zu den Ergebnissen moderner Naturwissenschaft und zu den Erkenntnissen der transpersonalen Psychologie.
Die psychologischen Aspekte des inneren Weges, seine Tiefenstrukturen und Stadien, der Umgang mit den Gefühlen und die Verwandlung des Schattens werden eingehend beschrieben. In diesem Buch geht es um den inneren Weg der christlichen Religion, um einen Bewusstseinswandel in der Gleichgestaltung mit Christus, um eine neue – von innen geprägte – Ethik, die Verantwortung für die Mitwelt übernimmt. Das Buch befreit zu einem sinnerfüllten Leben; motiviert, den inneren Weg zu gehen, provoziert zu einem neuen Denken und Handeln und tröstet in dunklen Stunden.